Fűri Mária

Válogatott versek

novum pocket

© 2022 novum publishing

ISBN 978-3-903382-31-2
Lektor: Sósné Karácsonyi Mária
Borítókép: Fűri Eszter
Borító, tördelés & nyomda:
novum publishing

www.novumpublishing.hu

KÖSZÖNET

Várady Szabolcsnak
Jónás Tamásnak
és másoknak

A verseket Fűri Rajmond válogatta és szerkesztette.

Szülöm az örömöt
Megszülöm a verset
Vele vért és nyákot
Jajgatást keservet

ÖRÖMBE ÜRÖM

Az örömbe mindig
Kerül egy kis üröm
Keserves vajúdás
De végül megszülöm

Van amikor fejjel
Van amikor farral
Van mikor szikével
Van mikor fogóval

Szülöm az örömöt
Megszülöm a verset
Vele vért és nyákot
Jajgatást keservet

Jön a méhlepény is
Köldökzsinór húzza
Olyan mint egy hangszer
Megszólaló húrja

Elmetélem gonddal
Elvarrom lezárom
A megszületettet
Útjára bocsátom

SÓMESE

A vers, ha túl jó, az se jó
Lesz belőle ribillió
Lesz belőle országos ügy
Lesz számkivetni jó ürügy

A vers, ha vérzik, nem hiszik
Ha rossz – akkor dédelgetik
Az ember makacs, mégis ír
Mint a megszúrt malac, visít

A vers, ha mókás, szellemes
Akkor is csak hibát keres
A kritikus, az olvasó –
Minek is királynak a só?

A SZÉPEN SZÓLÓ ARANYMADÁR

Az öregasszonytól elköszönve,
Ajándékait batyuba kötve
Lovára pattan a legény,
És újra vándorútra kél.

Tarisznyájában három ajándék,
Gonddal szőtték, faragták, verték,
Kendő, fésű és egy tojás,
Elfogadta, mesében így szokás.

Indul a legény erőre kapva,
Az öregasszonytól bátorítva,
Az úti cél: Tündér Ilona
Szépen szóló aranymadara.

Hegyen, erdőn és berkeken át
Hajtja, űzi a legény a lovát
Míg előbukkan a csoda:
S ott a csillogó palota.

A palotaablakon beugrat,
Benn aranynyoszolyán szunnyad
Világszép Tündér Ilona,
Mellette aranymadara.

A fiúnál a kalitka már,
S a szépen szóló aranymadár,
Menekül kincsével tova,
Csak úgy tajtékzik a lova.

Álmából kelve Tündér Ilona
Észreveszi, eltűnt a madara.
Nosza, tündérek hada kél,
És a fiú nyomába ér.

Elrepül a sokfogú fésű,
Erdő terem ott, sűrű növésű.
Nem jut át rajta a madár,
Nem hatol át a fénysugár.

Tündérkézben pendül a fejsze,
Mint a gabona, dől a fa rendre,
S már hallik a tündérzsivaj,
Fülébe cseng a gúnyos kacaj.

És hátrarepül a vastojás,
Roppant hegy kél helyébe, óriás.
Megáll a tündérek hada,
Időt nyer ló és lovasa.

De a tündérek szárnyra kelnek,
S a roppant hegyen átrepülnek,
És suhogva, zizegve, szállva
Ott vannak a fiú nyomába'.

Most elrepül a szövött kendő,
Árad a tenger, messzire kéklő,
Hullámzó vize végtelen,
Át azon még tündér se kel.

És túl a végtelen vizen
A fiú végre megpihen,
Kalitkából vállára száll
Dalolva az aranymadár.

AZ ÁRTÓ SZELLEMEK ELLEN

Drága leányom indulj mindjárt pirkad a hajnal
szólt az apám menj túl sok a bánat a baj s a betegség
elszaporodtak az embert gyötrő szellemek és fönn
távoli északi erdők fái között a sötétben
rejtőzködnek a lélek nélküli emberi formák
rontások menedékei úgy kell gyönge kezeddel
elpusztítanod őket írmagjuk se maradjon
Félve de búcsút mondtam és nekivágtam az útnak
átkeltem baljós vizeken és úttalan úton
léptem szívós vándor mentem csak meneteltem
sok-sok hónapon át vérzett száz sebből a lábam
bocskoraim megkoptak míg a reggeli fényben
végre a Lappföld erdeinek dús lombkoronája
zöldellt s fáik törzseihez támasztva találtam
meg gonoszoknak rejtekeit búvóhelyeit a
lélek nélküli emberi formákat nekik estem
és két puszta kezemmel őket a földre ledöntem
embereket gyötrő szellem bajt földre hozó nem
lesz hova bújnod mentem s eltüntettem az erdő
széléről még néhány elrejtett alakot így
nem volt többé ártó szellemnek menedéke
Írmagjuk se maradt immár befejeztem a munkát
indulhattam vissza falumba vidáman az úton
dalra fakadtam könnyű szívvel szedtem a lábam

és amikor hazaértem jöttek a büszke legények
szemben cafrangos szekereknek bakjain ülve
pörge kalapját mind megemelte s jöttek a lányok
ringó szoknyájukban mind énrám nevetett és
nyílt a fogatlan ráncos anyókák szája mosolyra
mert tudták hogy fenn Lappföldön gyönge
kezemmel
én győztem le a Földnek ártó szellemeit hogy
gond s a betegség bajság tűnjön messzire tőlük

Észt népmese nyomán

DOKK

Itt nyoma van a döntéseknek
Érveknek és ellenérveknek
Józanságnak, hisztériának
Nyoma van minden gombnyomásnak

Nyoma van minden véleménynek
Kit dobnak el és kit dicsérnek
Nyoma van minden felvett póznak
Nyoma marad a leírt szónak

A dokk sodrában ellebegnek
Rossz döntések, elvetélt versek
Nem csak a tiszta ruhát látod –
A piszkos lét, amiben ázott

Itt a nyilvánosság a kontroll
Az se baj, ha kilógsz a sorból
Vannak fékek és ellensúlyok
Így nem vetheted el a sulykot

Ha marad, s legalább a váza
Önnönmagát tovább vigyázza
Ha óvatosan nyúlnak hozzá
S nem lesz az egész szárazdokká

A VERS ING

A vers ing
Az olvasó magára ölti
Magára szabja
Összekoszolja
Kimossa
Kiöblíti
Kifacsarja
Kiteszi a napra
Megtörli benne a lábát
Lehányja
Összehajtogatja
Kinyújtja
Érti
Nem érti
Félig érti
Továbbadja
Azt csinál vele amit akar
A vers már az ő tulajdona

ZÖTYÖG A VILLAMOS

Zötyög a villamos a gömbbé kényszerített fák között
A semmit bámulom, s eközben gondolatokba ütközöm
Gyéren keltek. Csenevész mind, és vértelen
A kedvem is csak tompa jaj, nem a megszokott féktelen

A számba' zabla, rajtam kényelmetlen szűk ruha
Csak így bocsáthatom csekély képességem ma alkuba
Vehetnék bő köpenyt, szűkre a szakma kényszerít
Siker, ha fess a vágta; s a felszerszámozott ló is nyerít

S a kedvem már nem tompa jaj, feloldják színek, illatok
A test remeg. Lópaták dobognak.
Ügetnek rímek, ritmusok
Átszakítva a célszalag, vöröslik, mint az alkonyat
Kigyúlt agyunk lassan kihuny, jöhet az újabb gondolat

SZERKEZET

Itt is, ott is titok hever,
És borzongnak a csontjaink.
Lehet, hogy a bölcs Óz teker
Egy szélkereket odakint,

Aki tudja: a józan ész,
Ami mindenre válaszol,
Hogy a művész csak jó zenész,
De minőséget szavatol.

Hogy van hangképzés. Skálahang,
A vibrátótól húr rezeg,
Hisz' a művész is szolga csak,
Csak arról szól a célkereszt,

Hogy a zene úgy érjen el,
Hogy átjárjon a misztikum,
A közönség révedjen el,
Lépjen át egy titkos kapun,

Mert hiszen minden hang öröm,
Hat sejtjeidre, meglehet,
Hogy átjuss a bűvös körön,
Bonyolultabb a szerkezet.

KATINKÁNAK

TEREMTÉS

Botrányt akarok, hangosat
Tányércsörömpölést
Tengereken hullámokat
Sziklafalon törést

Az Édenkertet untam én
Kellett egy jó ürügy
Éva a kígyóval beszélt
Kapóra jött az ügy

Azt hiszem, boldogabbak így
Bár több a szenvedés
Van könnyes éj és gyűlölet
S intrika, nem kevés

Bonyolultabb az életük
És szövevényesebb
Csont is törik, vér is folyik
Lassan heged a seb

Arcukon verejték csorog
Életük egy arasz
Mégis hozzám mérik maguk
Fűti őket a dac

Ülök a kulisszák mögött
(Talán nem is vagyok)
Kört húztam, nem léphetik át
Az őrzőangyalok

A MÁSIK POKOL

A pokolban jégcsapok lógtak.
Mínusz 50 °C-ot mutatott a hőmérő,
és forró kondérok helyett
fagyott marhalapockákat tologattak
egyik saroktól a másikig.

És nem volt egyik ördögnek sem patája,
szarvacskák sem voltak a fejükön,
viszont hátul is volt szemük –
elöl két óriás szem,
és hátul is egy.

Jól bírták a hideget.
Nehezen, de rájöttem, hogy nem is
marhalapockákat tologatnak,
hanem a purgatóriumból kitaszítottakat
hűtik le hirtelen,
előírás szerint,
és ezeket a mélyhűtötteket rendezik azután
a pontos utasításoknak megfelelően.

TIGRISEK

Nagyon szeretem a tigriseket mert
csak a nap 20%-ában dolgoznak
a fennmaradó időben
nem tevékenykednek csak bámulnak a
világba nem rohangálnak állandóan
mint pók a falon és szeretem
a munkáltatójukat az Istent hogy
legalább egy fajnak a Földön ezt
kegyesen engedélyezte no és mi van a
kérődzőkkel vitaindító pont

ÉGŐ CSIPKEBOKOR (PARAFRÁZIS)

Égő csipkebokorban időnként megjelent nekem
az Úr,
és a törvényekről szónokolt.
Nehezményeztem,
hogy állandóan a törvényekről papol
– jó lenne néha egy kis lazaság,
és lehet, hogy elkerülhetnénk a polgárháborút;
de ő csak nyomta a szöveget, hogy így meg úgy,
hogy ez milyen fontos
– végül is beadtam a derekam.

GREGORIÁN

Ugyan ne félj már mindentől
Ne süppedj bele a bánatba
Csecsemő maradtál csüggsz emlőn
Senkit sem engedsz a házadba
A veszteség ha megvisel
Tudd hogy végtelen történet
Zajlik idebent s odakint
Örökös kántálás ének
Egy folytonos gregorián
Mi ütemesen szól benned
Mint gazdanövényre lián
Hangjai úgy kúsznak feljebb
Araszolnak tovább tovább
Befonnak kívül és belül
Misztérium a létezés
Ami szívedre települ

LEHESSEK ANGYAL

Adj néhány stresszmentes napot
(Ne túl sokat), ha meghalok

Ne vess pokolra, égtem én
Eleget itt a Földtekén

Tisztítótűz se kell nekem
Ne tornácon legyen helyem

Hadd szálljak fel a mennybe én
Lehessek angyal, hófehér

Lehessek angyal, szárnyaim
Röpítsék messze vágyaim

Nem ülnék én a jobbodon
Ilyen nagy kegytől ódzkodom

Csak hallgatnám, hogy zengenek
Mennybéli, furcsa hangszerek

Csak lebzselnék a trón körül
Míg lényem át nem lényegül

VÁRAKOZÁS

Húsvét előtt a böjt
Húsvét előtt a csend
Az agónia rég volt
A halott megpihent

Húsvét előtt a gyász
A régvolt stációk
Mai napon a sírbolt
Sírbolt előtt az őr

Ma várakozás
Bizonyosság sosincs
Örökös szombat immár
Mert várakozni kincs

Ül-e ott angyal fényes
Ruhában, ez talány,
A várakozás a fontos
Nem a van – a talán

KÉT ANGYAL

A követ el kell hengeríteni,
És ezt két angyal tette meg.
Hogy férfi volt, vagy nemtelen,
Azt még ki kell deríteni.

RAP

Hozd el a bénát
Hozd el a sántát
Hozd az örömhírt
Vaknak a látást

Hulljon a hályog
Tűnjön az átok
Dobd el a mankót
Lejtsed a táncot

Fordul a béna
Gyógyul a sánta
Szűnik az asszony
Vére folyása

Múlik a lázad
Vedd föl az ágyad
Hagyd Belzebubnak
Rút nyavalyádat

HOLNAP

Tele kamra, üres jászol,
Kifogytunk a Jézuskából.
Csak hegyekben van a hó,
Nagy pelyhekben szakadó.

Ide ugyan nem is kéne,
Csak a gondunk nőne véle.
Nem hiányzik a latyak,
Az autó nem halad.

Ha a karácsonyi ének
Szól, ma nem jelentenének
Fel, de nem szól ma sehol,
A szürkeség araszol.

Mert ma szürkeség van benned,
Holnap talán jobb a kedved.
Ez a mézes nem hamis,
Fények gyúlnak benned is.

AZAZ

Mennyit érsz?
Azt csak az idő, azaz Isten
Dönti el úgyis.

MEMENTÓ

Te, Ács fia, akinek nem kellett földi gyámság
Másik világba vont az Istennel kötött barátság

Nem bárány voltál, meleg aklok lakója
Inkább farkas, aki a kegyelmet gyakorolja

Belső vezéred, és nem csak szólam a szabadság
Erőnek jele és nem karácsonyfadísz a jóság

Az összetartozás örömét az apostoloknak megadtad
Magad egyedül maradtál, mementóul késői koroknak

A bárányt megölik, a farkast kilövik,
valahogy meg kell halni
Akárhogy is, csak életünk ne kelljen megtagadni

Talán ezért vállaltad, hogy viszed a nehéz keresztet
Hogy a magad köré font mítoszt elhihessed

Fönn a kereszten amid volt, mennyei birodalmad
Ajándékoztad az egyik, bűnbánó latornak

Majd kiszenvedtél és elhelyeztek a végső nyugovóra
Nem sejtették, hogy folytatás lesz,
mert nincs utolsó óra

ZOKNIK

A dolgok ne legyenek egyformák
De ne is legyenek túlságosan különbözőek
Csak mint Hundertwasser tárgyai
Legyen az egyik zokni pöttyös
A másik csíkos
Vagy fordítva
Az egyik zokni csíkos
A másik pöttyös
Az űrlények is legyenek antropomorfok
Isten is legyen emberléptékű
Legyen legalább egy fia

HOGYAN IS NÉZ KI

vajon hogy törik össze a lélek
s törik-e egyáltalán
merthogy a tojáshéj törik, tudom
s a meisseni porcelán

nem törik, de valami történik vele
mintha mégis valami
matéria lenne, valamiféle
anyag, nem tudom megmondani

pontosan milyen, hogyan is néz ki
ugyanis nem tapintható
de mintha mégis valami lenne
aminek lenyomata látható

AKKOR A HIT

Akkor a hit még élő fáklya volt
Megvilágította Nero vacsoráját
Ma már csak szlogen vagy apró bizsu
S növeli a politika eszköztárát

MEZŐ

(Faraday gondolatai)

Minden csomópont másodlagos.
Csak a mező érdekes, csak a mező.
A csomópontban ható térerők,
Az erővonalakkal átitatott
Űr. Az anyagi pontok
Csak véletlenszerűen létező,
Helyenként összesűrűsödő
Alkalmi bogok és gubancok.

NEM MEGÚSZHATÓ

Ami jó, intézményesül
Frigy lesz belőle, egyház
S ezt betudják majd érdemül
Bár a hímpora elszáll
És mégis: nem megúszható
A létrejötte törvény
A határt feszegetni jó
Nélküle ott az örvény

KAPNÁL UTÁNA

Mikor az emlék megkövül
És lesüllyed a mélybe
Kapnál utána, míg merül
Kiáltod mégse, mégse
Ne menj még, maradj itt velem
Maradj életem része
De ő már ott van odalenn
Tengeri csillag étke

OLVASÓ/SZÍNHÁZ/KIÁLLÍTÁS/FILMNAPLÓ

A „KOR LELKE"

A néző vagyok az olvasó
A hallgató a befogadó
A tucatszor tucat egyike
Akinek kell még a mese
Nem esztéta nem műítész
Véleményemért nem jár pénz
De odadom a pénzemet
Ha azt gondolom ez remek
Ha azt gondolom rólam szól
A „kor lelke" a darabból
Lehet krimi vagy művészfilm
Tetten érhessem hogy én így
Vagy úgy de benne ott vagyok
Ilyenkor emelek kalapot

A LÓ

(v.ö. Tarr Béla: A torinói ló)

(Az apa)
Te megsirattad, én ütöttem-vertem
Az udvaromon nőtt fel, az enyém
Én abrakoltam, szénát én szereztem
Én tudtam azt is, mikor mennyit ér
Te megsirattad, s úgy fájt a világ
Beleőrültél. Lettél tetszhalott
Én éltem volna, s kizárt a világ
Most a lovammal együtt hallgatok
Azzal a lóval, amit megsirattál
Hullattál érte sűrű könnyeket
Folyattad világfájdalmad patakját
Az a ló soha nem volt a tied
Az én társam volt. Én abrakoltam
Enyém életében. Enyém holtan

(a lány)
Egyél, ne halj meg, fontos vagy nekem
Ráncos bőröd alatt a hús meleg
Társam vagy, akihez beszélhetek
Míg megsimítom sörényed, fejed
Nem csak te húzol, én is dolgozom
Mosogatok, apám öltöztetem
Levett szennyes ruháinkat mosom
Ő a főnök. Amit mond, azt teszem

Ülök benn, a csukott ablakon át
Nézem, hogy kavarja a levelet
A szél, vagy lassan lapozom tovább
Az egyetlen, már megunt szöveget
Most készül főtt krumplink a tűzhelyen
Biztatlak, de én is alig eszem

(a ló)
Hiába ütlegelsz, nem indulok
Ahol én állok, onnan nincs tovább
Lábamon béklyó, istállóm burok
Ott kinn süvölt a szél, a táj kopár
Nem hagynálak el, összetartozunk
Befogtál, ahogy kell, én húztalak
Nekünk is volt valaha jobb sorunk
A társad voltam, szekerünk haladt
Ha menni kell, be most magad fogod
Vagy a lányod. Magam élőhalott
Testvér, barátságunk nem megkopott
Csak vége van. Lassan éhen halok
Egy pontot nézek az istálló falán
Mozdulhatna, nem mozdul már a száj

FILMNAPLÓ

Hát itt van, szomszéd, megint okoskodik
Megint a világvégéről fecseg
Nincs jobb dolga? Itt kiszáradt a kút
Megrontották léhűtő emberek

Én teszem a dolgom, amíg tudom
Amíg bírom – amit mond, marhaság
Ordít, csapkodja nálam az asztalt
Elméleteket gyárt, nem hiszem egy szavát

Sem. Mi elmenni nem tudunk
Próbáltuk, nem jutottunk messzire
Már itt halunk meg. Egy ló, meg egy leány
S jómagam. Nem számíthatunk senkire

Nem lázadunk. Mindhárman elviseljük
Hogy ennyi volt. Ennyit adott a sors
Míg ott kinn a pusztán a szél süvölt
Benn utolsó percig az összetartozást

NELSON

Anglia, gyöngye a Brit-szigeteknek: nemzeti hősöd
Nelson végakaratban kérte, hogy asszonya, lánya
gondjaiban te segíts majd. Tengeri nagy csata zajlott
s ő zseniális, új hadirenddel nyerte Trafalgárt
Zászlót lengettél holtteste felett, de amit kért
elhanyagoltad. Fő, hogy a gyászprotokollt kipipáltad

SATAN IS LOOSE IN SALEM

Én, Abigail Williams, akit ördög látogatott meg
– Rontást küldött rám
Sarah Good Tituba Sarah Osborne –
Vádolom őket, pusztuljon mind, lengjen a szélben,
S lógjon Proctor amott,
mert nem hitt mindeme vádnak.

OLVASÓNAPLÓ

Egyszer régen valamikor
Ősöm volt egy Isten –
Zeusz, Héra, Poszeidón
Antigoné, Erisz?

Levezetném a családfát,
Ha nem volnék lusta,
És ha nem lenne a múltam
Száz lakattal csukva.

A sejtésem bizonyosság
A mítosz-világban,
Nem kell gondolatkísérlet,
Nem kell hozzá számtan.

OLVASÓNAPLÓ 2

Kentucky államban
Rabszolga voltam
Levittek délre
Levittek délre

Odalenn délen
Nem kérdi senki
Hogy a rabszolga
Hal-e vagy él-e

Odafenn szabadon
Jártam-keltem
Számon, ha kérték
Ott volt a passzus

Odalenn délen
Röghöz kötöttek
Csattant a korbács
És a szó: kuss

Délre utazva
Sok mindent láttam
Magamba zártam
Magamba zártam

Szemem becsuktam
Néma maradtam
Gyapotbálák közt
A földön háltam

Ha árny suhant el
Nem vettem észre
Ugrott – ugorjon
Nem védi senki

Megnyílt a víz és
Elnyelte csendben
És elringatta
A Mississippi

OLVASÓNAPLÓ 3

Megölted-e már, akire vágytál?
Aki – szeretted volna – hogy legyek?
Azt az ügyes, bátor jégkirálynőt,
Aki az ezüst trónról integet?

Sóvárogsz még vajon álmaidban?
Vonz még a szépség, melynek párja nincs?
A Magabiztos, lovaglóruhában?
Akinek mindent megtesznek, ha int?

Akit körülrajong férfi és nő,
Aki Középpont és mindig nevet,
Akivel nem bírsz, aki fölötted
Áll, és megveti a sóvár szivet?

Maradj, míg nála a jobbik feled.
Amíg meg nem ölted, maradj csak ott.
Várok. Igaz, már nem türelmesen.
Virágoznak a rododendronok.

Valaki rózsafát is ültetett.
Az azáleák szaga bódító.
Megkönnyebbülnék, ha elkövetnéd –
Lehetnél a vágyott szabadító.

* * *

Megölted Rebeccát, s vele együtt
Azt, aki talán lehettem volna.
Manderleyt valaki felégette,
Beszürkültünk a mindennapokba;

Mi a krikettmeccs végeredménye?
Naponta bontogatod a postád,
Olvasgatok; az álombeli ház
Romjait ellepi a folyondár.

OLVASÓNAPLÓ 4

Egy szörny arca volt.
Orra helyett két óriási orrlyuk,
Szeme helyén két sötét üreg.
Hol fekete, hol vörösen felparázsló,
Maszk takarta, ember nem láthatta,
Lélegzetelállítóan szörnyű arc.

Mégis: ő a muzsika angyala,
Az én angyalom.
Párizs a lábaim előtt hever.
Nem is tudja: az ő lábai előtt.
Mert ő a mesterem.
Ő a muzsika angyala,
Az én angyalom.
Hang, ami egyszerre három helyen is létezhet,
A test nélküli hang.
Csak a hangja szép.
Az arca egy szörny arca.
Olyan ijesztő,
Hogy megpillantva, az emberek
Visongva szétszaladnak.

Szegény, boldogtalan barátom.

Karom a nyaka köré fontam,
És megcsókoltam azt az ember sose látta,
Pengeéles, szomorú szájat, és az arcát,
Amelyet az anyja sem csókolt meg soha.

v.ö. Jennifer Bassett The Phantom of the Opera

TESS

Hihetőbb, mint az Édes Anna tette
A törvény mégis – okkal – kivetette
Tiszta volt bár, mint régen a hó
Jogos büntetés az ácsolt bitó

Ami ma nincs, de van helyette más
Hiú remény, hogy van feloldozás
Mert lehet bár a tettünk indokolt
Vagy tűnhet annak, a vád nem koholt

Az irgalomra nincsen semmi ok
Mindenki mindenért felelni fog
És nem az utolsó ítélet után
Még itt a földön éri majd utol

A büntetés, és nincs menekülés
A régi házban jön az ébredés
Jön a poroszló és karon ragad
És a toronyban zászlót bontanak

KIÁLLÍTÁS UTÁN

(El Kazovszkij)

Egyik felem kutya
Másik felem farkas
Egyik felem vonít
Másik felem hallgat

Kutyagolok nappal
Csónak röpít éjjel
Sorsom összenőtt a
Kaszás mindenséggel

Az éles terekben
Érzem magam otthon
Homályos utcákon
Ne kelljen osonnom

Kontúros árnyékot
Vessen minden idol
Sárga sivatagban
Világítson a hold

CARAVAGGIO

1

Nincs bennük semmi isteni,
Nincs bennük semmi pátosz,
A szenvedés a főszereplő,
Egy ifjú, egy öreg
Fején a töviskoszorú.
Nincs bennük semmi túlzás,
Nincs vér, nincsenek szegek,
Kereszt sincs,
A két arc szomorú.
Szomorú, ahogy te vagy én,
Ha valami nagy-nagy bánat ér,
Valami fájdalom.
Ők méltósággal viselik,
Esendők mégis.
Te vagy én,
Ki van ott, azon a két képen?

2

Olyan szépek!
Olyan fiatalok!
Övék a mindenség,
Övék az egész élet.
Mindegy, Keresztelő Szent János
Vagy Ámor – a modell ugyanaz,
Önbizalom és bizalom
Önmagukban és a világban.

Még
Nincs töviskoszorú,
Nincs levágott fej,
Nincs fohászkodás a bűnbocsánatért,
Csak kirobbanó életerő.

3

Istenem, add, hogy ne gyűlöljem őket
Mert a gyűlölet szétmar, mint a sav
Add a kezembe a megoldókulcsot
Itt az éjjel, és nézem holdadat

Ahogy a felhők nyugodtan elúsznak
Előtte, lassan és fenségesen
Add meg nekem, hogy elmém elcsituljon
S kezdjen működni a jobbik felem

A nagy játszmában te mozgasd a bábut
Másképp a szemben ülő mattot ad
Nem látom át, hova vezet a lépés
Mert szétéget belül az indulat

A tüzet, ami apránként fölemészt
Csak egy nagyobb akarat oltja ki
Nem elvágja a gordiuszi csomót
Segít türelmesen kioldani

Harag és ihlet egytövű, a vége
Darabod zárlatában összecseng
Caravaggio lett ez is. A képen
Egy vérző, kígyóhajú lény dereng

KÉREK MÉG

Twist Olivér éhes maradt,
Vele együtt társai,
Nem voltak, szegények, már csak
Önmaguk árnyai.

Twist Olivért kisorsolták,
Szólnia kellett: kérek még,
Merthogy nem volt elegendő
A kiszabott mennyiség.

Jajistenem, mi lett ebből,
Mennie kellett az intézetből,
Várta és befogadta őt egy
Koporsókészítő.

Később onnan továbbállt,
Megismerte Fagin bandáját,
S mivel nem akart lopni,
Meg kellett onnan szökni.

Aztán végül hepi lett minden,
A jó regények ilyenek,
Tudjon az olvasó örülni,
Hátradőlni szé-ké-ben.

SZÍNHÁZ UTÁN

Különös élmény volt – műfa, díszlet?
A saroknál így bukkant elénk
Miközben elhúzott a villamos
Szögletes dézsában szagtalan levél
Csak kettétépve éreztem, hogy él
Bár a tapintása viaszos
Nem díszlet volt, trükközött a fény

SCAPIN

Scapin, segíts!
Szükségem van a cselvetéseidre,
Ötleteidre,
Furfangos agyadra,
Mert az én fejem nehéz.
Neked vág az eszed,
Mint a borotva,
Ellesném lopva,
Hogyan csinálod,
Lennék a párod,
Nem használnálak ki,
Mint ott a színpadon – azok.
Én igazi társad lennék, Scapin!

JANE AUSTEN

Még mindig azt hiszed, volt egy titkos románca
És nem csak szállt vele a képzelet?
Hogy a szarkasztikus gúny csak álca
Hogy a szív megőriz és rejteget?
Rejtegetni valója mindenkinek van
S míg agyunkat nem jegyzi komputer
Sok ki nem mondott gondolat surran
Ami talán senkihez nem jut el
Illetve eljut. Csak nem akkor és ott
Isa nem por vogymuk. Misztikus, nagy sziget
Köpeny alatt zubogó forró foltok
Földből felszínre törő gejzírek
A jéggel kitöltött Grímsvötn-kalderában
Árakat okozó jég alatti tó
Elizabetek és Emmák úsznak az árban
Honnan hova, arra nincs kibogozni szó
Csak úsznak, úsznak, ki tudja mi végre
Ott úsznak ők, belőlünk egy darab
Egy unaloműző, csendes délutánon
Felkap, és visz minket az áradat

JANE AUSTEN 2

Mondtam, nem kell, csak néhány szereplő
Bontakoztassunk ki néhány jellemet
Leegyszerűsödik, ami egyszerűsíthető
Tömbösítsük az alapértékeket

Mert minden végtelenül egyszerű
Ahogy az alapegységek összeállnak
Lehet bár százlábú és százfejű
Ismeretlen, sohasemvolt vadállat

Ugyanarra a törvényre mozdul
Aranymetszés vagy fraktál, egyremegy
Visszakövetkeztethető a bonyolult
Keresd, a dolgokban ott az egyszeregy

NEM VERS, NOSZTALGIA

Nem érdekelt a Lutra és
Nem érdekelt a Vuk
Bogáncs is hidegen hagyott
Az oda- és visszaút
A koppányi aga jó regény
Van néhány harci csel
Ki kit öl meg vagy szabadít
Cseppet sem érdekel
De Tüskevár az otthonom
És barátom Bütyök
A berek ma is fogva tart
S a víz partján ülök
A nap feléget, szúr a sás
Megver a jégeső
De Nancsi néni gyógykezel
Hol itt a bökkenő?
István bácsi a pótapám
S a becsületszavam
Már váltónak fogadja el
A kihívás adva van
Bagószagú öregember
A nevelőapám
Matula csendje megtanít
S a berek, a víz, a nád

MONTMORENCY ÉS A KANDÚR

A kedves, vidám foxterrier
Montmorency csak ült és figyelt
Majd diadalüvöltést hallatott
S az öreg kandúr után baktatott

A kandúr izmos volt és fekete
Hiányzott a fél farka, jobb füle
Megállt, hátrafordult és leült
Szigorú szoborrá merevült

Tekintete azt kérdezhette, NOS?
No, Montmorency, most légy okos!
Kutyánk örült, hogy megfordulhatott
S a másik irányba elkullogott

MINT A HURRIKÁN

Az égből szállt le, mint a hurrikán
Az autó már romokban hever
Mert nem fizettek jól a balladák
Vágjunk bele, mondta, kalandra fel!

Valahol egy Buddha ott lapul
Valakinél, egy doboz tetején
Nem szokásos póz – előre dől
Egyszer szól még róla költemény

Az agyag Buddha gyémántot takar
Gazdagságot őriz a szobor
Összetöri majd az a merész
Aki érte kockáztat és lohol

Hermész Triszmegisztosz így beszél:
Ami nem örök, az nem igaz
De hát az élet csak múló szeszély
S a kalandvágyó elme mind pimasz

És ez a pimaszság élteti
E nélkül az emberiség kihal
A bátor a létben úgy fickándozik
Mint folyóban, tengerben a hal

K. ÉS J. ČAPEK: ÁDÁM, A VILÁGTEREMTŐ

A robbantáson túl vagyok,
Most a romokon trónolok.
Isten parancsa,
Hogy Te teremts ma,
Fárasztó, annyit mondhatok.

Gyúrogatom az agyagot,
Alkotnék valami nagyot,
Mindenekelőtt
Egy álomi nőt
Túl jó lett ez nekem, b*szod!

VIII. HENRIK

Nekem a nő csak arra kellett
Az angol trónra fiút nemzzek
Ne legyen polgárháború
Ha a szél már kriptámba fú
Fiút gyengéd Jane szült nekem
Ő maradt a jobbik felem
S mert ő meghalt idő előtt
Meghagytam közös szemfedőt
Borítson ránk ha nem leszek
A megtartó emlékezet

A SÉTA

Csak néha kapcsolódunk,
De ez a kapcsolódás,
Valós vagy virtuális,
Nekem mindig erőt ad.

Ilyenkor jó a séta,
Bár túl sok fasor ma nincsen,
A felhők fenn az égen
Kék kupolára festve.

Kicsi már ez a város,
Kicsi már Budapest is,
Párizs, New York, a Föld is,
A világegyetem szűk,

Szűk ez a kis golyóbis,
Az űr is hiába tágul,
És nehéz kikerülni
A sok fekete lyukat.

De a szellem kalandját,
Azt nem lehet megunni,
Szezám tárul, ha mondom,
És kincset rejt az ajtó,

És kincset rejt az ajtó,
Szezám tárul, ha mondom,
Azt nem lehet megunni,
Mint a kút, feneketlen.

v.ö. Szép Ernő: Magányos éjszakai csavargás

RONDÓ, STRINDBERG UTÁN

Ma inasnak is jár a szerelem
Szent Iván éjjele van
Jöjjön Jan táncoljon velem
Maga nem inas ma, Jan
Flörtölök? Ma mindent szabad
Ne legyen bátortalan
Hát nem ismeri a hagyományt?
Ma Szent Iván éjjele van

Megyek – magával elvisz-e?
Majd együtt vállalkozunk
Pénzem? Nem, az nincsen. Igen
Lesz majd, de csak ha lopunk
Függetlenség? Hol él maga, Jan?
Úrinő vagyok, igaz
Csak képzeltük, mindent újrakezdhetünk
De most – Szent Iván éjjele van!

KIRÁLY!

Vajon púpos volt-e Kálmán, a Könyves,
Vagy csalt már akkor is a Krónika?
Akár így, akár úgy, okos volt,
Győzött itt s amott, barát lett Szicília,
Eltörölte a halálbüntetést,
A kínzásoknak is véget vetett,
Ő mondta azt is: boszorkányok pedig
(Én csak gondolom, mik) nincsenek.

A HÁRSFASOR IDŐVEL ÖSSZEÉR

SEMMI TÜNEMÉNY

Csak a test csupaszon,
Hegekkel, visszerekkel.

Csak a váz,
Csak az ágak,
Csak a tartó szerkezetek,
Kép nélkül a kontúr.
Semmi sem érdekes ezeken túl.

Csak a puszta.
Emlékszel? Kijev felé, 35 éve.
Csak a tömbök,
Csak part nélkül a víz,
Csak a sívó homok,
Csak a hó, csak a jég.

Domború lencse fókuszában a fény.
Semmi szivárvány,
Semmi tünemény.

BOSSZÚ

Mindenben ott a bosszú
Ha nem tudunk is róla
Rekeszek mélyén lapul
A világ mozgatója

Kihaltnak tűnő vulkán
Felszín alatti magma
Dörgölődző veszett eb
Hízeleg s megharapna

Mindenben ott a bosszú
Ha nem is vesszük észre
Az ember emiatt nem jut
Többre csak kevésre

Azért olyan veszélyes
Mert felismerhetetlen
Egy óriási függöny
Takarja bár fedetlen

Csupasz vézna és gyáva
De titkos rejtekéből
Villámportyákra indul
Így lesz sok a kevésből

Mindenben ott a bosszú
Ha nem is annak látszik
Ott élősködik rajtunk
Elkísér a halálig

HÚSKOSZT

Rokonszenves külső alatt
Lapul a csirkegyilkos
Bár az ember mindenevő
Mégis legjobb a húskoszt
Legyen a kés élesre fent
S csupasz a nyak, ha vágják
A rangosabb népé a comb
Gyerek kapja a szárnyát

KUTYAÉLET

Mmmmmm... mondta, és más hang
Nem jött ki a torkán,
Mert tele volt energiával.
Milyen jó a kutyáknak, gondolta,
Nem kell nekik okosakat mondani,
Moroghatnak nyugodtan,
Ugathatnak, csaholhatnak,
Vaúúúúúúúúú, bele a világba.

Milyen jó a kutyáknak,
Elaltatják őket, ha rákjuk van,
Nem vágják le a kezüket, lábukat,
Nem csonkítják meg őket,
Egy injekció – és elalhatnak.
Nekik jár az eutanázia,
Nekünk csak beintenek. Így ni.

Milyen jó a kutyáknak,
Kivéve a kóbor kutyákat,
Mert azokat a sintér összeszedi,
És mint az embereket, ketrecekbe zárja őket.

66

Milyen jó a kutyáknak,
Kivéve azokat, amelyeket az emberek
Az autókból kidobnak,
Mert már megunták őket,

Ilyenkor a kutyák
Minden autó után szaladnak,
Minden autót megugatnak,
Mert reménykednek, hogy majd
Valamelyik felveszi őket,
Ilyenkor nem jó a kutyáknak.

NEM HOLD

Nem pereltem vissza, amit adtam
Amit adtak, azt nem viszonoztam
Cselekvésünk önmagában hordja
eredményét, senki meg ne toldja

Ne akarjon senki hozzátenni
Ne akarjon belőle elvenni
Nem hold az, hogy kerekre dagadjon
Nem hold az, hogy sarlóvá lefogyjon

MIKOR A HOLD

Mikor a hold majdnem tele
Jóval nagyobb, mint a fele
Átjár egy kis izgalom
Hogy e felemás fazon
Tovább dagad vagy leapad
Netán esetleg így marad
Csonkán, befejezetlen
Felhőktől terelve fenn

LECSURRAN

Csonka a hold ma
Fénye lecsurran a
Járdaszegélyen

KI TANÍTOTT RÁ?

Drágám, honnan tudod, hogy várni kell,
Kivárni a sort, az ütemet.
A késleltetést honnan ismered?
Hogy az élet csak akkor működik,
Ha a dolgok rendje pontosan szabott?
Ki tanított rá, Hüvelyk Matyi?
Tudják a vándormadarak is, hogy
Északra vagy délre kell tartani.

ÜVEGDÍSZ

A bizalom törékeny,
Mint a porcelán.
Mint jégcsap ereszszélen,
Ha enyhülésre vált.
Rigó, és arrébb röppen,
Ha bárki arra lép.
Üvegdísz, összeroppan,
Ha gondatlan a kéz.

ZÖLD

Energiák folyama árad
Ujjaim hegyén lombos ágak
Fénylő zöldözön
Nyári kosztümöm
Hajnali harmat cseppje szárad

MÉGSE

Szépek a hajnali fények
Nyílnak a spírea bokrok
Három a férfi a téren
Józanok összehajolnak
Padra letéve a táskák
Ebben a reggeli fényben
Mégse bánatos egy se

MINT A BÁRD

Az őszinteség mint a bárd
Mint az élezett nyaktiló
Lesújt és lerepül a fej
Vöröslik minden fűcsomó
Ami a vesztőhely körül
Buján tenyészik és ha zöld
Azt jelzi gazdag itt a föld
És időnként meg-megújul

KRIZANTÉM

Krizantémot venni tavasszal
Micsoda ostoba ötlet!
Hogy terpeszkedik hétszámra a szobában,
Miközben odakint elhullnak
A nárciszok, tulipánok, nefelejcsek...
Varázsütésre nyílnak és hervadnak
A fehér, piros, kék fejek,
S közben szórják szirmaikat a szélbe.

Vonzó most ez a könnyelműség,
És a tavaszi forgatagban ez az
Őszi virág – idegen.
Idegen időtálló szirmaival,
Hideg színeivel,
Vigyük innen, vagy rejtsük el legalább,

Forogjon gyorsan a tavasz kereke,
Bojkottáljuk az árust, aki ilyet árul,
A növénynemesítőt,
A sok okos ostobát,
Mert ez most semmire se jó,
Mert ez most sírra se való,
Nem való sehova –
Bibircsók csak a tavasz arcán.

ATLANTISZ

A szoba kilökött magából
Kiokádott az éjszakába
Kicsusszantál, belevegyültél
Az Aranypart forgatagába

Megpörgetett – aztán elejtett
Vonzott – taszított ugyanakkor
Benne voltál, megérintetted
Ujjadon nyomokban aranypor

Amit lenyalt az éjszaka
Meleg, lihegő, érdes nyelve
Nyomodban a sátán kutyája
Fénybogarakkal telehintve

Gyerekek ugráltak le-föl
Dobta őket a gumiszőnyeg
– Pici pattanóbogarak
Amiket a földből kilőnek

Egy táncgép előtt két kamaszlány
Koncentrált, és hozta a táncot
Polgárok. De te mást is láttál
Fénnyel takart másik világot

Stramm férfiak. Jól öltözött nők
Egy pókerasztal. Erotikus tánc
Semmi rendbontás. Mégis tudtad
Ez itt csak látszat. Rafinált színház

Színes papírmasé falak közt
Ezeregy éj fülledt meséje
Egy óriás kulisszasor
– Érdekek kusza szövevénye

Végiglépted az Aranypartot
Sodródva lassan a tömeggel
Elérve az utolsó standot
Melletted rendőrkocsi ment el

Másnap is jártál arra nappal
Mintha Atlantisz hátán lépnél
Az éjszaka a mélybe süllyedt
Fölötted ragyogott a kék ég

KOMPROMISSZUM

Talán kevesebb buzgalom kellene
És több szakértelem
De az ember olyan esendő
Szeret megpördülni a tükör előtt
És megkérdezni: szép vagyok?
Bámulva tükörbeli mását
Nem veszi észre a kilógó árcédulát
A foltot a kabáton
Amit csak erős megvilágításban lát
Egy másik személy a háton
A fekete szőrszálat a száj felett
Miközben azt hiszi magán
Mindent gondosan elrendezett
Mert ahogy Watsonnál nem tudatosul
A Boscombe-völgyi rejtélyben
hogy csak jobbról jön a fény
És hogy ez a fény
A tökéletes eredményhez nem elég
(emiatt baloldalon borostás)
Ő is csak homályosan lát
Indulatainak függönyén át

***

Valami csillapító kellene
De mégse vesszen el a lendülete
Olyasmi, mint a földnek a hold
Ami a forgást szabályozza valahol
De nem mondja, állj, nem blokkolja le
Csak szabályozott lesz a forgás üteme
És szépen változnak az évszakok
Dagály és apály szelíden nő és fogy
Valami elfogadható kompromisszum
Aminek nemcsak a levét issza
Valami, amitől az élmény megmarad
Amitől nem lesz földhözragadt
Bátran hömpölyög, mint egy nagy folyó
Gátak között, a torkolat felé

A FEKETE NEJLON ZSÁK

testes volt, mint ő maga.
A Pálma cukrászda merre van?
– kérdezte.
Mondtam, menjen tovább egyenesen,
egészen a villamossínekig,
aztán forduljon balra.
Ellopták a sapkáját, mondta,
és hogy borzasztóak az emberek.
Aztán még beszélgetett volna,
de igyekeztem haza.
Nem akartam, hogy kiderüljön,
se pénze, se lakása.
Érdekes, nem foglalkoztatott, hogy nincs
hol laknia,
csak az, milyen kár, hogy
nincs nálam egy sapka.

* * *

Amúgy, azt hiszem, inkább házaló volt.

CZEKMANEK SZÉLJEGYZETÉHEZ

Mohóság nem, gyanakvás igen
Összerezzenni minden utcasarkon
Ahol lapuló kutya a csend
És nincs kedvem a fülét megvakarnom
Mert rám ugorhat, váratlan ledönthet
Vagy észre sem veszem, és lábomba mar
Ezt elkerülni kell az ötlet
Vagy hangot sem ejtve menni szótalan
Messziről nézni minden zegzugot
Ki tudja, Isten hova mit dugott

WESTERN

Itt mérlegelni nincs idő
Csak ölni és szeretni
Gyors légy (ha gyors vagy, fél siker)
Ösztöneid követni

Nem bús értelmiségi vagy
Elefántcsonttoronyban
Hanem a puszta farkasa
Bizonytalan a holnap

Gyors a bosszú, villan a kés
Tökéletes a reflex
A rosszat legyőzi a jó
Bár áldozatok lesznek

Egyszerű, mint az egyszeregy
Légy ügyes, tiszta, bátor
Tudjad, hogy kihez tartozol
A többi jön magától

Ezt a műfajt valamikor
Erősen megvetettem
Gyerekeink a moziba
A férjem vitte, én nem

Csak lassan oldódott a görcs
Ahogy múltak az évek
Küzdelmet hoztak, napra nap
Új kihívások értek

És western lett az életem
Ugrok a kés ha villan
S ha rosszul ugrom nincs idő
Sebem bekenni írral

A küzdelemre esküszöm
Talpra, míg hí az élet
Felnőttkoromnak mozija
Western, belőled élek

VÁNKOSOK

Borsószem királykisasszony fölé
77 párnát helyeztek.
Kérdés, túléli-e vajon
– mit mutatnak a tesztek?
A most mángorolt anginok
Üdék, frissek, tömöttek,
Új tollal bélelt vánkosok
Óriás halommá nőttek,
Ő nem lát, nem hall, nem beszél,
Szemében, szájában tollak,
A ceremóniamester föláll:
– Jelentem: megfulladt.

NEM SZERETEM

Én nem szeretem Jákobot
Egy tál lencséért vette meg
Mi jog szerint nem illeti
És csellel nyert meg szíveket

Én nem szeretem Ézsaut
Mert bamba béna elterül
Mint Nárcisz a parton hever
S tükörképén elszenderül

Nem szeretem az Istenem
Mert Jákobot nem feddi meg
Sőt lajtorját is nyújt neki
Amin vétkéért mennybe megy

Nem szeretem nem szeretem
És én vajon melyik vagyok
Létezik még sokféle bűn
Ki oldoz fel ha meghalok

EREK

Nekem könnyebb nemet mondani
Tagadni folyton. De nem rombolok
Nem adhatok mást, csak mi lényegem
Nem írok, csak íródnak a sorok

Nem írok, mert nincs elhatározás
Nincs akarat. Csak belső kényszerek
A gondolat is úgy működik csak
Mint a testet behálózó erek

Csak remélem, az egész része lesz
Ez az erőteljes lüktetés
Hogy bár igazodni képtelen
A rész, belőle mégis lesz egész

Hogy létezik egy olyan akarat
Ami helyettem is megszervezi
Az egyetemes nagy találkozót
És érdekeink összerendezi

EMLÉK

(kortárs zene a trafóban)

Legjobban a zombik éneke tetszett,
Furcsa módon abban volt erő,
Abban volt valami éltető,
Ahogy jöttek elszántan, elveszetten,

Csaknem befejezve már az életet.
Tudták, hiába minden ellenállás,
Mégis, jövetelük, mintha hadban állás,
Nem félték a jövendő végzetet.

A kórus úgy szólt, ahogy szólni kell
Egy kórusnak. A hangzás nem volt zombis,
És mégis az volt. Furcsa paradoxon.

Öreg emberek nyomultak felém,
Vagy az örökkévalóság felé?
S átjárt valami furcsa miszticizmus.

AZ ASZTAL IS *VAN*

A *„mindnyájunk képzeletében igen erőteljesen*
jelen lévő Zeusz sokkal inkább van,
mint ez a banális asztal itt a szobában"
Balla D. Károly

Kedves Károly!

Az asztal nem banális
Az asztal zseniális
Egyszerű de nagyszerű
Letisztult karakterű

Az asztal Európa
Európa logója
Azon eszem az étkem
Rajta számítógépem

Asztalon folyt a munka
Fiatalabb koromba'
Szép sorban állt a lombik
Vegyésznek fontos holmik

Azon festett a lányom
Színes batikolt vászon
Az asztalon terült szét
Zeuszék körülülték

Nincsen hegyem se rétem
Urbánus lettem kérem
De asztalom van 4 is
Asztalom tárgy és fétis

Képzetes létezése
Az otthon szellemképe
Nem egyszerűen asztal
Tárgy ami ott marasztal

A SEMMI

Lassan baktattam, lassan értem
Csekély értelmű medvebocs
De végül mégis odaértem
Ahol szép fű nő, bársonyos

Abba az Elvarázsolt Völgybe
Ahol Majdnem-Hatvan fa áll
Hatvannégy-e vagy hatvanhárom
Megszámolhatatlan ma már

Hogy mindeközben megvénültem
Én ezzel nem foglalkozom
Gondolok erre meg amarra
A formám ily módon hozom

Ülök és bámulom a Semmit
A Semmi a legjobb dolog
EZÉRT csinálgatom a Semmit
Ilyesfélén gondolkozom

MANTRA

A szabadságot is tanulni kell
Ne legyen belőle anarchia
Nem elég ha valaki szólni mer
Legyen tét amit mondania

Szükséges mégpedig feltétlenül
Legyenek meg hozzá az eszközök
Ha nincs teremtse meg Ha összeül
Saját testülete szavazza meg

Merre tovább Ha kell korrekciót
Alkalmazni tegye meg bátran
Legyen új megoldásokra nyitott
Igazodjon jól el a világban

AKKOR MELYIK?

(Platón: a hibás államformák)

Átmeneti a timokrácia,
Az oligarchia követi,
Ebben az államformában
Meghatározó a gazdaság;

Ez egy hanyatló államforma,
A pénz befolyása egyre nő,
A rendszer végét az okozza,
Fellázadnak a tömegek;

Virágzik a demokrácia,
Nem tart örökké sajnos ez sem,
Mert anarchiába fordul, ami
Végül zsarnokságba torkollik;

(De a legrosszabb mind között
Platón elképzelt állama,
A magasztos, a tervezett,
Ki gondolná, ez is kudarc?)

FÓBIÁK

Velünk élnek az ősi fóbiák,
Meghalsz, ordít a Villikirály.
Csitítgatnak, hiszen ez csak falomb,
De olyan vészjóslón süvölt a szél.

Ezért, amit mondasz, nem hiszem el;
Akkor honnan jön ez a rettegés?
Miért gondolod, hogy szavakkal
Megszüntetheted ezt?

Inkább lőcsöt adj,
Sötét szemüveget, hogy ne lássam, kit üssek,
Folyjon a vér,
Recsegjen a csont,
Hogy nyerjek egy pillanatnyi feloldozást.

FONATOK

Amit megéltem, nem tagadhatom meg
Jöhet bár mézesmadzag vagy bakó
Nem elvek miatt vagyok ilyen korrekt
Köpök rájuk. Rám egy se szabható
Nézd a sírokon felfutó borostyánt
Sűrű indáit szét nem szedheted
Vagy ahogy az új divat szerint fonják
Fiatal hajakból a tincseket
Lebonthatatlan hozzám így tapadnak
Élmények és kapcsolatrendszerek
Új köpönyeget rám hiába varrnak
Hulló redői között elveszek

Ha kenyértörésre kerül a sor
Megszabott, az ember hova sorol

POLGÁRHÁBORÚ

A polgárháború ma permanens
És mindig csak a másik agymosott
A résenállás folyton folytonos
Mert otthagyod a fogadat, ha nem

Kettőezertizennyolc messze van
De gőzerővel taposunk bele
A gázpedálba, s lessük, hozza-e
A teljesítményt, ami benne van

Az ezeréves járgány. S bírja majd?
Hogy folytonosan lejtőn lefele
Taszigálja a résztvevők dühe
S lent hiába jelzik, hiba van

RUDOLF

Mivel anyámat nem vehettem el
Elvettem, kit nekem szánt az élet
Nem is az élet, inkább az apám
Szegény, felejthető Ferencz József

De rettentően untam a banánt
Feleségemet, a monarchiát
Úgy döntöttem, főbe lövöm magam
S a barátném, Vecsera Máriát

FOHÁSZ A PÁTERNOSZTEREKÉRT

Forrás: Papp Géza, Fohász a páternoszterekért

Sorra tűnnek el a páternoszterek
(Az új előírások ma tiltják)
Néha, amit a haladás diktál
Praktikus unalom felé vezet

Mindegy, az ember szeret, nem szeret
Valamit – ne vágyjon izgalomra!
Legyen jelene, de jövője, múltja
ne – csak bajjal jár a képzelet

A Vörösmarty téri ORI székház
A Moszkva téri Postapalota
A sajtóház a Blaha Lujza téren

Páternoszterről soros liftre vált át
– EU szabvány, modern kaloda –,
S a kamaszok nem állnak benne kézen

NEM HIÁNYOZNAK

Az arisztokraták, ha
vannak egyáltalán,
elzárják magukat tőlünk.

Nem érintkeznek velünk,
elkülönülnek.

Nem mintha hiányoznának,
nem, nem hiányoznak
egy cseppet sem.

De valahol biztosan vannak.

Mint Isten, gyanús, hogy
ők is léteznek,
és szövik életünk fonalát,
vagy azt hiszik, hogy szőnek valamit,
és hogy mennyire fontosak.

Nem ismerem őket.

De jókat röhögök rajtuk.

SZAJRÉ

A demokráciában is élnek szegények
Lesznek belőlük például drogfutárok
Megbízóik nem mérlegelnek
Áthúzott nullák ők, nem vagányok

Viszik a kotonba zárt terhet
Ha rosszul lesznek, átvágják a torkuk
Gyomrukat felmetszik, továbbpasszolják
A szajrét. Teljesítették a dolguk

ENERGIAVÉSZ

Mert az a helyzet
Rontom-bontom
Energia vész
Minden fronton

Terjed az
Energiavész
Mint falun
A baromfivész

Ujjad kitárul
Összezárul
A megfogott tárgy
Mind aláhull

Minden pórusod
Átereszt
Mint házon az
Esőeresz

Meg kell keresned
Azt a pontot
Ahol az erőt
Visszaöntöd

ADÓELLENŐR

Erős a gyanúm, hogy
adóellenőrnek néznek.
Talán mert ritkán vásárolok
abban az üzletben, és mostanában
a blokkot mindig elteszem.

Ezt sugallni talán valami bosszúféle
részemről, miután hárman is fixíroznak
a csaknem üres üzletben,
mikor a sorok között
végigtolom a kocsit.

Azt hiszem, utálnak.
Viszont van az ügynek annyi előnye,
hogy a tízezresből szó nélkül visszaadnak
akkor is, ha csak kenyeret veszek.

MIT HOVA

Nagy papírokkal veszem majd körül magam,
amelyekre óriás betűkkel felírom,
hogy mit hova tettem el,
kitapétázom velük a falakat,
és ezek között a naprakész díszletek között
élek majd az idők végezetéig.

MASZKOK

Volt ellenzéki, volt lojális
Egy óriási parlamentben
A tagok épp elcsendesedve
Szavaznak. A határidő záros

A helyszín marad. Nem változik
Csak cserélődnek a szereplők
Ez elmegy, amaz épp dekkol
Úgy dönt, hogy hozzáöltözik

a megváltozott viszonyokhoz
Arcára másik smink kerül
Új viszonyok közt új a maszk

A táblán fenn vannak a voksok
A bizottság majd összeül
Mérlegel, elküld és leoszt

GEDÓ

Gedó György mindig elhajolt
Amikor anno ringbe szállt
Az ellenség semmit kaszált
S nem bajnok volt, egy rossz tanonc

A ringben kezdődött a tánc
Mint fa dőlt jobbra; balra el
– Becsaptak, nem látod, haver? –
S hozta a menetet lazán

Mondjam, hogy én is elhajol
Mikor a ringben ütleg ér
Az ütleg persze képletes

E szonett Gedóról dalol
Minden más szó mellébeszél
S ha másról szól, nem lényeges

PÓKERASZTAL VILLANELLA

Hagyományos zöld posztó. Pókerasztal.
Igaz, eddig csak online ismerem,
Online viszont gyakorta ott marasztal.

Az ember itt sok mindent megtapasztal,
Például, hogy ez tiszta küzdelem.
Hagyományos zöld posztó. Pókerasztal.

Fülembe öntött, megdermedt viasszal,
Vakon bízva: ma itt a győzelem,
Játszom, csak online, s mindig ott marasztal,

Télen, forró nyárban, vagy épp tavasszal,
Ott tart egy szenvedélyes szerelem,
Hagyományos zöld posztó. Pókerasztal.

Bókol, de nem elsuttogott szavakkal,
S bár a lapokat nem én keverem,
Igaz, csak online, de ha ott marasztal,

Megemelem a tétet dupla vakkal,
Talán még all in-ig is elmegyek.
Hagyományos zöld posztó. Pókerasztal.

Nemegyszer végzek dermesztő kudarccal,
De győzök is, így kiegyenlített
Az online küzdelem, ha ott marasztal
A zöld posztós, ovális pókerasztal.

MARY

Szelek hátán jön el Mary
Idejét sosem fecsérli
Cipője kopogós
Köténye ropogós
Szavait foghegyről méri

Titok lengi körül Maryt
Marad-e, aggódva kérdik
Igaz, hogy szigorú
De elneszel a bú
Hallgatva fura meséit

GRÁCIA

Költőnek állt prózai szellem
Lesz-e benned valaha kellem
Lesz-e grácia
Akinek szánnia
Nem kell: versed gördül keccsel

ÜST ÉS TROMBITA

Két befordított üst hátsó felem,
Az élet trombitáját zengetem.
Egész csapatot kommandírozok,
Nem versenyképes semmilyen torok.

SUMMA

Bár gyarló vagyok és sok hibát elkövettem
Kudarcaim okát sosem másban kerestem
Nem uszítottam és uszítható se voltam
Rágalmat nem hittem s magam sosem koholtam

A kapcsolataink bonyolultságát hittem
Személytelen hithez soha nem menekültem
Átszűrtem a magam hálóján a világot
Észrevettem ha a szemafor zöldre váltott

Az ellenségeim teremtek mint a gomba
Mert nem futotta mindig magyarázatokra
Ha nem is mindet de majdnem mindet szerettem
Megértettem őket ha meg nem is követtem

Néha elvonultam bár nem voltam mizantróp
Gyakran becsaptam de nem zártam be az ajtót
Most szépen libegek ég és föld közt a térben
Mint egy felengedett sárkány a zsinegvégen

A HÁRSFASOR IDŐVEL ÖSSZEÉR

Nem magyaráztam meg a dolgokat
Hogy így, ezért, nem azért, csak úgy
Ha igen, igen, de az se baj, ha nem
Ha kinn, ha benn – ahogy alakul

Antennám minden rezdülést fogott
Nem válaszolt, csak vette a jelet
Ha a nap sütött, vagy a szél ha fújt
Vagy épp ha gyűltek fenn a fellegek

A dolgok végül is függetlenek
A ráhatásunk kisebb, mint csekély
Nem rajtunk múlik, hogy süt-e a nap
Folyik a folyó, honnan fúj a szél

A hársfasor idővel összeér
S jó végigmenni a lombok alatt
Ott szembe felnőtt, észrevétlenül
35 év – az idő elszaladt

Mint Kutuzov, kedvenc tábornokom
Aki tudja, hogy nem ő nyer csatát
Képzelt karosszékembe vetem
Magam, és bámulom a láthatárt

TILOS AZ Á?

Mindenki érintésre vár
És befogadásra
Reggel kel, este ágyba dől
És azt motyogja, hátha

Hátha lehullik az a zár
Hátha nyílik az ajtó
Szemet a vak tyúk is talál
Ha lyukas a szakajtó

Hátha leomlik, megszűnik
Kitárul, összezárul
Körülölel és fogva tart
Mint mesében a várúr

Hátha nem tilos az az Á
És zöldre vált a lámpa
Gyalogos jó, ha készen állsz
Az áthaladásra

AZ ÁR

A nyílt beszédnek ára van,
Nyomába' jár a sérelem,
Ipiapacs, örök harag,
Gyerek vagy felnőtt, egyre megy.

Kinek mit – tudni illene,
A tapintat kötelező,
A szó az ember fegyvere,
De az ember csak vadra lő.

Hiszen nem akar ártani,
Néha mégis szíven talál,
Szirénázó rendőrkocsi
Tudatja, újfent áll a bál,

A mondott szónak ára van,
A per az furcsa, titkos ügy,
De az ítélet jogerős,
És ráfeszül a Nessus-ing.

ELLENPONT

Párhuzamos világokban élünk
Hiába próbálják kiirtani
Mindig megmarad a maszk a belsőn
Rád ég. Hollóházi vagy Zsolnay

Készítette a mázat, szinte mindegy
Világot mozgat az esztétika
Belül a magma forr, kívül a kéreg
zöldell. Rétjén a fű, erdőiben a fa

Ettől élő. Hogy kívül és belül más
Pontosan szerkesztett kontrapunkt
Szabályok ellen senki sem véthet
A magma forr, a fű zöld, a kék azúr

INVERZ

Tegnap tegnap volt, ma pedig ma van,
Az érzelmek úgy fordulnak át,
Mint azon az inverz képen a fák,
S az ember többé már nem gondtalan.

Mindenkit megvisel a változás,
Ezek a mindig-új viszonyrendszerek,
Rosszul tolerálja ezt a szervezet,
A világ nem, vagy már másképp csodás.

Az elveszett ártatlanság után
Tüskés burokban az élettapasztalat,
Gesztenyevirág után a gesztenye,

Gyerekkorom kedves játékszere,
Kipattanva a zöld tüskés házból,
Hever szanaszéjjel a fák alatt.

KÖRBEFONNAK

Mindent a csömörig. Nem recept
Csak megterhelő minden változás
A sós, az édes szádban mind ecet
Kötés után nehéz az oldozás

Mind körülötted marad, aki volt
Körbefonnak. Így nem tágul a tér
Zárlatnál a biztosíték kiold
A lázadás csak szükség. Nem erény

A kegyetlenség kényszer. Nem öröm
Ütni kell, és a te fejedre hull
De csak így jutsz át azon a körön
El se hiszed, hogy – a kötés lehull

Ahogy bizonytalan forgolódsz
Bőrödön még zsinegek nyoma
Lassan új életre hangolódsz
És csak egy kicsit vagy már tétova

VONATBÓL

Nem összefolyó massza többé,
Érdekes minden eleme,
Huzalt tartó, zöld oszlopok,
Meghajlított acélcsövek.

A világ merő izgalom,
Egy helyen lóval szántanak,
S temetők, mennyi temető,
Minden falu mellett van egy.

Emberek helyett a látvány,
Ami mellett épp elmegyek,
A külső tér, a mobilom,
Ezek a tartozékaim.

H.P. MONOLÓGJA

Mert Voldemort, ha visszatér
Nem lesz számodra hely
Porig rombolja, ami szép
Oda a víg csevej

Villám formájú sebhelyem
Érzi a vészt, sajog
A sorsom is történelem
Azt mondják, én vagyok

Aki egyszer legyőzte már
Így nincs mit vesztenem
Mit és miért teszek, tudom
El kell veszejtenem

Vagy ő, vagy én. Nem tananyag
Amit itt tudni kell
Az unikornis tetemén
Egy csuklyás rém figyel

MOST HOVA?

Voltam már lojális én is,
Sőt megalkuvó,
Nem került el itt a Földön
Semmi stáció.

Ha odafenn folytatódnék
– Minden meglehet –
Harcaim viszem magammal,
Ott kísértsenek.

A mennyről már rég lemondtam,
Hadd ne égjek el,
Most a purgatóriumba
Kérem a helyem.

MESEAUTÓK

A szerelmeink véget érnek
Mondják azt is, hogy nem igaz
Nem vagy hibás te se meg én se
Csak a sors, csak az a pimasz

A közösségek összetörnek
Mint a tojás, ha rácsapod
A bögre keskeny peremére
S nem élik meg a holnapot

Azért ez nem egy bánatos vers
A létezésünk karnevál
Bár szaporodnak a hiányok
Még utcahosszat áll a bál

MÁGNES

Én egy óriási mágnes
Vagyok, ami vonz vagy taszít
Van erre ma is egy pregnáns
Bizonyíték, úgy utáltak

Úgy utált egy xy
Hogy keresztülnézett rajtam
Én keresztülnéztem rajta
Nem akartam lemaradni

Nem azért, mert nem szeretem
Szeretem az ellenségem
Pedagógiai célból
Én ilyenkor visszaadom

Sőt még el is gondolkodom
Mi lehet ennek az oka
Miért vagyok főellenség
Mért lettem szemébe' szálka

Miért én vagyok a bűnbak
Tudom, persze, hogyne tudnám
Ahhoz, hogy ezt most kifejtsem
Hosszabb verset kéne írnom

Sőt egyenesen tanulmányt
De én ahhoz lusta vagyok
Nem is akarom elvenni
Írásból élők kenyerét

Nehogy ők is utáljanak
Sok eszkimó, kevés fóka
Csak egy kicsit írogatok
Feszültséget levezetni

BABÁK

Óriás országban jártam,
Az idő kastélyában,
Elérhetetlen, nagy babák,
Hova tűnt eleganciák,
Jólesett ez a látvány,
Végre nem kiáltvány,
Csak valami szép,
Ami ép
Lelkületet ad,
Építek belőle házat
Bennem a nagy babáknak,
Azt nem bontja le senki,
Le földrengés se dönti,
Cipelem majd magammal
A sok óriás babát.

ALTEREGÓ

Valami mást szeretnék írni
Izgalmasat, mint Pollágh Péter
Nem telesuttogni az étert
S a titkaimat kifecsegni

Amik talán nem is valósak
Ködvárak, amiket leheltem
Csak a semmi kútjából mertem
Csak indulattal felturbóztak

Mégis elhisznek szinte mindent
Persze lehet, hogy megtörténtek
S igazak az igaznak véltek
De sosem úgy, és sosem akkor

Azért jó, hogy alteregóm van
S elviszi helyettem a balhét
Így mintha több vizet zavarnék
Hiúságom is kielégül

Duplán létezni. A tükörben
Ami torzít, mert soha nem sík
Nem én vagyok ott, csak a fintor
Összetört üvegcserepekben

Szamárfülemet mutogatom
Sapka se kell, hogy eltakarja
Nem a nád, az éter susogja
Ha merítik a világhálót

Mi lenne, ha arannyá válna
Minden, amit csak megérintek?
Akkor használhatatlan kincset
Gyűjtögetnék. Az is hasonló

Arany, szamárfül összeférnek
Van a levél, meg a fonákja
Az ember bámul a világra
S a dolgok néha megérintik

RINGATJA CSAK

Ki halt meg, professzor talán?
Lépcsőkön mécses-rengeteg,
Körben libeg sok sárga láng,
Megilletődött emberek.

A régi vasbolt, előtte, ott,
Mutattad, s rögtön tudtam én
– Döcög a kettes villamos –,
Kiért imbolyog ott a fény.

Tán a városért dolgozott
Éjjel-nappal, majd megszakadt?
Ugyan, dehogy, ott álldogált,
Felsőtestét ringatta csak.

Mindenki Attilája volt,
Akinek mindenki adott,
Csak egyetlenegynek adunk,
Tőled és tőlem is kapott.

Úgy vette ő a létezést,
Ahogy ott fenn a madarak,
Szerették az elhaladók,
Felsőtestét ringatta csak.

Aki csak úgy van, kell olyan,
Aki helyettünk létezik,
Úgy, mint ott fenn a madarak,
S az emberek szerethetik.

Csak úgy, magáért, csak azért,
Hogy létezik, hogy van nekünk,
Nem harcol soha semmiért,
Csak létezik, itt van velünk,

Nem zavarja, ha elveszik
A pénzét, netán megverik,
Felsőtestét ringatja csak,
És jó nekünk, hogy létezik,

Aki ellen nem harcolunk,
Száll, mint az égi madarak,
Aki ott van, ott áll ma is,
Felsőtestét ringatja csak.

VIZSGA

Élete legfontosabb szigorlatára készült
Elolvasta a lábjegyzetet is
Most az egyszer nem vallhatok kudarcot
Ezt mondogatta magában eltökélten
Szerzett egy beépített chipet
Nehogy valamit elfelejtsen
Gondosan megfésülködött
Megnézte a tükörben magát
Még egy kis smink
Éppen csak annyi
Amennyi egy komoly vizsgához illik
Nehogy már egy szigorlatjegyen
Vérezzenek el az álmai
Koncentrált
Felidézte magában
Az alapösszefüggéseket
Melyekre a tudnivalók többi része
Mint egy szobafogasra, felaggatható
Kizárta magából a külvilágot
Csak a vizsga számít, csak a vizsga
Mondogatta, skandálta, dudorászta
Végül vett egy mély lélegzetet
Lenyomta a kilincset, belépett, és a
Vizsgabizottság előtt megállt

KACATOK

DADOGÓS

Amikor a csontváz, cso cso cso cso csontváz
kiesik a gardróbszekrényből
Amikor az állvány, az az öreg állvány,
az az üres állvány mellé dől
Amikor a bicskát, svájci tuti bicskát,
ki ki kinyitod, és szúrsz egyet
Tiszta ruha kéne, tele a mosógép,
mo mo mo mosógép, mind szennyes
Bele a mosószer, elindul a program
po po po po program, dob fordul
Habozik a vízár, tiszta e vagy Trisztán,
amit mos a gép az ajtón túl

KACATOK

Őrizzük azt a sok kacatot szemetet
Amit nem engedett kidobni kegyelet
Ha időd engedi porolod rendezed
Nem tágul a lakás bosszant nem élvezed

Őrizzük ezt a sok kacatot szemetet
Talán még egyszer majd hasznukat veheted
Egyik szekrényből a másikba rámolod
Kiveszed beteszed elrakod áthozod

Pihenés helyett csak töröd a fejedet
Hova tedd azt a sok kacatot szemetet
Már évek óta csak loholok lomolok
Nincs időm semmire kifele borulok

Zakatol az agyam nincs nyugodt nyaralás
Hova vidd hova tedd kinevet a család
Új élet kezdete legyen e mai nap
Száműzöm örökre kedves lomjaimat

SZÖRFÖZÖK

Nem létezem
Csak nicknevem
Csak virtuális
Lényegem

Nem hús vagyok
Nem vér vagyok
Testetlen mint az
Angyalok

Mikor esténként
Szörfözök
Összes agysejtem
Felpörög

A neten úgy jár
Szellemem
Mint pók a padlás-
Szegleten

Amíg a zsákmányt
Üldözöm
A világhálót
Én szövöm

Egy kattintás és
Ott vagyok
Mint légyre légy-
Csapó csapok

Ha elmém blogról
Blogra jár
Kíváncsiság visz
Nem batár

A net hálóján
Szűk a lik
Fenn lógok rajta
Hajnalig

És rájövök hogy
Emberek
Járkálnak ott nem
Szellemek

BODOBÁCS

Bodobács, bodobács
Pajzsot készít a kovács
Piroson feketét
Lapos rémek seregét

Nézegetem borzadozva
Pedig csak egy rossz poloska
Ez a temetőbogár
Ez a katonabogár

Azt a másik nevedet
Vajon ki adta neked
Bodobács, bodobács
Vígan fűrészel az ács

Régi undor, most is érzem
Rajzottál a járdaszélen
Mért te vagy a bodobács
Temetőbogár?

DÉLUTÁN

Lassú vagyok mint a
Megdermedt motor
Erőlködne egyre
Mégis fuldokol
Üzemanyagot köp
Alapjáraton
Kapar mint a foxi
Nincs mögötte nyom

Szélcsend van a csöndben
Áll a szélkerék
Nem ingerel harcra
Most nem küzdenék
Süttetném magamat
Álló ég alatt
Vattacukor felhő
Nem száll csak ragad

Felette az égbolt
Unott tompa kék
Tompa kék vizében
Araszolok én
Mint egy óriási
Lomha béruszályt
Vontat haza lassan
Ez a délután

A VARJÚ

A varjú az okos madár,
Élelmet télen is talál.
Nem igaz, hogy azt mondja, kár,
És végképp nem, hogy soha már.

Mert nem holló, baljós madár –
Barát, aki városba jár,
Semmi kétség: civilizált,
Rekedtes hangja csak píár.

SVÉDORSZÁG

Békés öblök szelíd vizekkel
Nagy szürke sziklatömbök
Fehér és bágyadt fenn a nap
És nők a buszsofőrök

Ott is találsz hajléktalant
Csak jobban öltözöttet
Rovásírást sok-sok kövön
Tág teret égbe szőttet

Stockholmban sok kerek vizeldét
Persze csak férfiaknak
Ha nő vagy fizetsz és sorban állsz
Jó borsos árat szabnak

De olcsón ehetsz lazacot
S kagylót ha erre járnál
Csodálatos az áruház
Lenyűgöző a látvány

Lóparádé bámészkodóknak
És a ló nem potyogtat
Mert zabot csak műsor után
Adnak a jó paciknak

A palotába' kincseket
Az állatkertbe' szarvast
Jávorszarvast – nem plüssmacit
Jávort minden rokonnak

Irány végül hazafelé
Hídon át Dániába
Felénk úszik a nagy sziget
Mint óriási bálna

PÓKER ABC

Előfordul az többször
Bizony az ember blöfföl
Az is lehet csak félblöff
A flösshúzó még nem flöss

Ha megtanult már dobni
Tudja a tétet hozni
És elcsíphet egy ász párt
Ha lapja sorra vált át

Csak lenne önuralma
Kezében nem csak alma
Lenne, de aranyalma
Gyűlhetne nagy halomba

Ha jókor lenne bátor
Akkor a gazdagságtól
Már nem választanák el
Semmi ostoba érvvel

No mert sokan nem értik
Se egészen, se félig
Hogy nem a vakszerencse
Dönti el azt, hogy nyersz-e

Hogy van valószínűség
Van mérlegelhető tét
Hogy idegek csatáznak
Mikor dobásra várnak

Hogy kicsiben az élet
Hogy emeled a tétet
Licitre mégy vagy eldobsz
Ha kétélű a várt flop

És nem keresed másba'
Nem mondod, sors hibája
Ha neked éppen nem megy
S melletted éppen nyernek

Nem sírsz, micsoda mákja
Van, hogy ez mégse járja
Ide is kell alázat
Elviselni, ha másnak

Jár épp a lap, kivárni
Mikor kell harcba szállni
Megtanulni kitérni
És olyankor csak nézni

Ellesni, hogy csinálják
Mások a pókerszakmát
Tanulni a hibákból
Tudni, hogy nyerni nem 'lol'

FUCK UP

Ász tíz kárója volt Én hatos párral nyertem
Dirty site fuck up írta Meglepődve feszengtem
Az indulat fröccsent Rosszul kezelt ecsetről
Csapódik így a festék Lecsorgott rám a netről
Dirty site fuck up írta Miközben elviharzott
Mint megfigyelő szórta Távozóban a szitkot
Elment az ismeretlen Kettőnk között az éter
Francia, orosz, angol? Több ezer kilométer
Választhatott el tőle Talán hegyek és tenger
Az arcom mégis égett Egy óriás tenyérrel
Valaki pofon vágott A helyét most is érzem
Vöröslenek a foltok És fölöttébb idétlen
Helyzet volt ugyanakkor Egész jól szórakoztam
Már majd egy éve játszom Az élmény mégis
szokatlan
Hogy az érzelmek itt is :) Bár csak egy
pókerasztal
Kilenc kör nicknevekkel És felhúzott ravasszal

... ORSZÁGUTAKON SZEKEREKKEL ...

MOLIERE

Nem lehetett könnyű országutakon szekerekkel
porfelhőben járni hideg padláson aludni
lesni az úri kegyet tragikus szerepekben a rothadt
almát tűrni s a füttyöt a packázást de Te nappal
játszottál míg éjszaka írtál megszületett el-
ső vígjátékod sok röpke bohózat a csöndben
kezdte a nép ismerni neved merthogy kacagott és
tapsolt dőlt a közönség úgy hogy a könnyei folytak
míg nevetett gyarapodtak tagjai társulatodnak
és a vidéki siker csak a kezdet volt hisz a hűtlen
Párizs visszafogadta fiát fütty itt is a véres
drámáknak és felszabadult kacagás Sganarelle-nek
még gőgös Lajosodnak szíve is olvad az udvar
lelkes tapsa kíséri az úr meg a párizsi köznép
később egymáson nevetett telt-múlt az idő és
lassan gyűltek ellenségeid is sikered biz-
tos jeleként reszkettek tőled a fűzfapoéták
egy gúnyos jelenet s megölelt feldúlva La Feuillade
s Júdás-köntöse gombjával megvágta az arcod
felszarvazva dühöngtek zsarnoki ostoba férjek
szégyent nem feledett a tudálékos meg a kékha-
risnya s amíg Tartuffe-ért szórta a klérus az átkot
ellened összefogott minden doktor filozófus
öklöt ráztak az álszentek támadt az erénycsősz
mert a Te Don Juanod megnyerte a párizsi népet
Szenvedtél megjárattad s megjártad a poklot
érted Madeleine a hű társ szíve szakadt de a lánya
Armande-od fiatal feleséged mást szeretett és
csak vicsorítottál bús féltékeny Sganarelle-ként

Színpadodon minden színész jól tette a dolgát
Madeleine a bölcs szép büszke Thérèse De Brie a naiva
kancsal sánta kutya Louis Béjart hűtelen Armande
friss pezsgés elevenség izgalmak körülötted
S végül a vég hőn áhított tragikus szereped már
írta a sorsod a vígjátékok végszava: Jean Bap-
tiste Poquelin mint egykor a kőszobor Don Juanért nyúlt
érted s elsüllyesztett életed álma a színpad

FELPÖRÖGVE

Ha csak virtuálisan is,
megtapasztaltam már, milyen a másság
Listáról kihúzva, beteljesült egy gyerekkori kívánság
Illetve kihullott belőlem. Tegnap volt, mára megszűnt
Ahogy a nőből kipottyan a gyerek, amikor szül
Szertefoszlott a hőskomplexus,
a félelem, hogy úgysem bírom ki
Ha lehúzzák a körmöm, szétverik a talpam
vagy a hátam kezdik sorozni
Mára kiderült úgyis, minden megváltás értéke nulla
Csak egy maradt, ami az idők szavát úgy-ahogy kibírta
Ez az egy is csak akkor,
ha nem másból indul ki – önmagából
Mert tudja, ember csak Istennel
cseresznyézhet egy tálból
Akkor jöhet a ráadás, néhány földi halandó,
akiket szerethet
Jöhet az ellenség is, ha megvan az alap,
amit el nem felejthet
Ha megfelelő helyre kerültek az épületben
a tartópillérek
Ha nem veszítette el a szerződést,
a kötött titkos egyezséget
A szerződést, amit láthatatlan tintával írtak
rózsaszínű papírra
De melegítésre látható lesz,
ha a türelmetlen elme kibírja
Így ömlik belőlem a gondolat (mondod)
összefüggéstelenül
 Az eszmélés nem okos labirintus –

135

öntöttvas, ami áram alatt hevül
Ami akkor a mindenség,
ha tőlünk függetlenül is működik
Hétköznap ünneplőbe,
pünkösdkor szakadt bemelegítőbe öltözik
Nem katalógus, nem könyvtár,
amelyet évek óta rendszerezel
Nem bevásárlólista,
amit a pénztárcádba gondosan beleteszel
Inkább ajándékkosár, váratlanul érkező meglepetés
Előzmények nélküli szerelem, eltávolodás és közeledés
Nem engedelmes báb – öntudatra ébredt kamasz
Aki a maga választotta, egyedi ruhát hordja csak
Nem akkor sír, ha sírni kell,
nem akkor nevet, ha mindenki nevet
Emlékeit nem fényképek őrzik, hanem az emlékezet
Az ember belátja, csak pici csavar
egy óriási gépezetben
Mégis hiszi, hogy egyszeri, egyedi,
megismételhetetlen
Ez az egyediség az, amitől örökkévaló
Nemcsak továbbörökítő gép –
a mindenséggel összeolvadó
Maga a megtörtént múlt, a jelen, a bizonytalan jövő
Mikrovilágot és világegyetemet magába sűrítő
Létezése meghatározó, feltartóztathatatlan
szenvedély
Ami a síkságra érve lassan hömpölyög,
amíg a tenger torkáig el nem ér

HÁTIZSÁK

(Becsey Zsuzsának)

Így igaz: rendszerben gondolkodni könnyebb,
S a járatlan úton többet hull a könnyed,
(Amit elviselni kell egy kis pimaszság)
Megtömött hátizsák válladon a másság.

KEZDŐ VEGYÉSZKÉNT HOGY SZERETTELEK!

ÓDA A KOBALTKLORIDHOZ

Kezdő vegyészként hogy szerettelek!
Veled színeztük a szilikagélt
Amelynek rózsaszínbe hajló kristályai
Az idő múlását jelezték
De néhány órás szárítás után
Újra kék lett, pompás ibolyakék

Titráltam én, és nem is keveset
A színátcsapást jelző indikátor
Leggyakrabban a metilnarancs volt
Fenolftalein vagy kristályibolya
Sem volt ritkaság, vagy jodometriás
Titrálásnál a főzött keményítő
Színtelenbe lassabban váltó kékje
Ezek mulandóságunkat jelezték:
A nap végén kiöntve megsemmisült
A szín, amit munkánk megcélozott

Te változó, megújulni képes
Jelenség voltál, a bizonyosság
Hogy van állandóbb, mint sérülékeny
Viszonyaink, s törékeny életünk
A biztos pont voltál nekem, természet
Csodája. Frissen szárított
Kéklő tömeged nem a debreceni
Krematórium kékeslila színét
Hanem a FŐNIX feltámadását
Idézte meg nekem, egyáltalán
A feltámadást, amely sorsunkon
Túlmutat; a megújulást, amelynek
Vége számunkra beláthatatlan

141

Rákkeltő vagy. Bennem egy világ omlott
Ma össze. Száműzni kell körünkből
Csak nyűg lennél, plusz adminisztráció
Veszélyforrás, mely kiszámíthatatlan
Jön más helyetted, más indikátorok
Jelzik majd, hogy már elnedvesedett
A szilikagél, s szárítani kell
De azt a színt, a fiatalságom
Kedvenc színét, nem hozza vissza semmi…

BAZÁRI CSECSEBECSÉK

Nem ismered te Anikó a parasztokat
Mondta szigorúan a kolléganőm
Miközben töltögette a lombikokat
Nem ismered te a parasztokat
Mondta holmi bazári csecsebecsék kapcsán
Amelyek állítólag csak a parasztoknak kellenek
Nem ismered te a parasztokat
Mondta enyhe megvetéssel a hangjában
És az évi két hét szabadságra gondolt
Amikor hazamentek és dohányt vágott a család
Kell is az a parasztoknak, mondta
Miközben ellenőrizte, jelen áll-e a meniszkusz

KULCSSZÓ

(Terikének)

Legyen továbbra is szakszerű
Mert a szakszerűség nagyszerű
Kifogyhatatlan ötletekben
Igényessége legyen töretlen
Továbbra is a Földön álljon
Szakmai jó hírére vigyázzon
Csak akkor szálljon az egekbe
Mikor az este megkereste
Továbbra is – ez itt a kulcsszó
Egyúttal mindenkinek búcsúszó

HÉTVÉGE

Talált tárgy az örömöm: ma beárad a fény
Biztatón és harsányan az ablak üvegén.
Kezeimből, lábamból az erő kiszaladt,
Mint cipőből a madzag, ha kezedbe szakad.

Eltelt a hét, eljátszottam minden szerepet,
Kaptam tapsot, kaptam füttyöt, minden megesett.
Elnyúlok az ágyon, mint a gyerekpolcokon
A réges-régi rongybabák –
Melyekből fűrészpor csorog mindkét oldalon.

VÉREHULLÓ FECSKEFŰ

Nincs nyár nekem
Csak munka van
Mégsem vagyok
Boldogtalan

Papírokon
A holt betű
A vérehul-
ló fecskefű

Papírokon
Száraz szavak
Éjjelbe fényt
Villantanak

Kívül mi van
Nem érdekes
Feltárul a
Törvény neked

REGGEL

Lassan indulnak be a funkciók
Megjött a reggel, ólomlábakon jár
Nagy csizmájával durván rád tapos
Arcodba vág a fények fonta korbács

Lassan csukod az ajtót, búcsúcsók
Mégy a konyhába, mint egy rossz robot
Kávét főzöl, míg melegszik a tej
Kezded érezni, hogy van otthonod

Néhány kedvenc sort még elolvasol
Majd eltolod, felállsz – indulni kell
És kezdetét veszi a kapkodás
Elcsípni még a buszt, nem kis siker

A reggel közben már átöltözött
Elzárta minden kínzóeszközét
S míg igazgatja felhőfodrait
Ártatlanul mereszti kék szemét

PRAKTIKÁK HELYETT

A megszokott arcok úgy hagynak el
Mint a termés a növényeket
Kipergett magok temetője
A régi gyártelep

Mondabeli földrész. Úgy süllyed el
Lassan és menthetetlenül
A kiszakított, óriás panel
Lassan alámerül

Beszövi a hínár. Apró moszatok
Az emberek halak
Álmodban úsznak a régvolt nappalok
Fejedben félszavak

Kísért múlt idők Atlantisza
Nincsenek könnyeid
A lélek óriás szita
Menti értékeit

Nem jársz vissza. Az egy másik világ
Idegen test vagy ott
A túlélésre nincsenek praktikák
De vannak nappalok

Teszik a dolguk ott. Teszed a dolgod itt
Mielőtt újra száll
El kell, hogy hamvadjon ahhoz
Minden főnixmadár

EGY TELEFONRA

Vártak, el kellett volna mennem,
De nem volt hozzá kincsem.
Én voltam a bolond szűz, akinek
Lámpaolaja nincsen.

Kincseim lesüllyedtek a mélybe,
Úgy kellett felhozni onnan.
Egyenként minden igazgyöngyöt
Lenn keresgélni, hol van.

De csak néhányat leltem. Valaha
Nem egy volt, nem kettő, több száz.
Ellebegtek a tengermélyen,
Szétdobta őket a sodrás.

Ne legyenek, csak erre vágytam.
S jutalmul kaptam egyszer,
Hogy eltűntek egy találkozáskor.
Merülj halász most – szedd fel.

EMLÉKFONÁL SZÁLL ÉS FOSZLIK

HATAN

Hatan voltak, utoljára
Mind a hatan feketében

Hat fekete, álló oszlop
Távolodnak az időben

Hat fekete tollú madár
Madarak, de nincsen szárnyuk

Hat fekete tollú madár
Csak az árnyuk, csak az árnyuk

PINCEGÁDOR

Ez a ház már nem az a ház
Vadszőlő lett kinn a szőlő
A barackfa rég kipusztult
Barack nem lesz már mosolygó

Pókhálós a pincegádor
Hozzáérsz, a fal leomlik
Sziszifusznak otthonában
Emlékfonál száll és foszlik

Az utca nem nevetéstől
Kutyaugatástól hangos
Csak autók járnak-kelnek
Nincs már gyermek főkolompos

Nincs bokorban síró macska
Hó sem hull a szürke égből
Nem kell fulladásig futnod
Hogy szabadulj fiúkézből

NAGYANYÁM

Nagyanyám mindent megevett utánunk
Soha nem dobta ki a kenyérhajat
Átélt két háborút, és földönfutó lett
Megtanulta, a bőség mulandó

KIPI-KOPP

Benn a szekrényben
Horgolt csipketerítők
Dobozba rejtve

Himmi hummi azt
Mondta az én nagyanyám
Mert már öreg volt

Nem jártam templomba
(Funkcióm volt a KISZ-ben)
Majdnem belehalt

Körbe vándorolt
Öt gyerekénél lakott
Kopogott a bot

Kipp-kopp, kipi-kopp
Ezüst marcipán
Kocka minden gyereknek

ELŐBB-UTÓBB

Előbb-utóbb minden kilyukad
Most épp a mosógép folyik
A víz a résen átszivárog
Jön a szomszéd, ordítozik

A legnemesebb edzett acélt
Is ellepi a rozsda majd
Terjed a sok csúf rozsdafolt
Széthull a váz, és kész a baj

Selyemből, gyapjúból varrt ruhád
Szekrényben szétrágja a moly
Vagy az idő foga felőrli
Így vagy úgy, az is haldokol

Kihunyva töppedt fekete lyuk
Lesz az egyetlen csillagunk
Akkor minden megsemmisül majd
De most még jó, hogy itt vagyunk

NOVEMBER 1.

A Zsolnayt nem most
Mert elmegy a vonat
Váró vonat pedig nincs
Megmondta keresztapám

Éppen hogy – és most
Jó bámulni kifelé
Hét szőlő Tokaj
Gönci hordó és
Penészes pince

Mint Svájcban tehenek
Nincs más élőlény
Nem látszanak a halak

Átszállunk kisvonat*
Minden gyönyörű
Jövőre már nem

Boldogkőváralj*
Karnyújtásnyira a vár
Művelt parcellák

Vizsoly és Gönc Károlyi
Üvegablakok
Horváth Mária

Kehely és kereszt
Fűri Rajmond és neje
Ferenczi Erzsébet

Letesszük a koszorút
Sok-sok krizantém
Szép a temető

Nem vettünk kávét
Most üres kézzel?
Inkább be se megyek így
Vagy mégis...?
Bár a citerán
Nincs már elég húr

Azután haza
Visz a kisvonat
Jövőre már nem

PICUR

Picur, a szomszédasszony kutyája tegnap kimúlt
Nem vakkant már és nem hallgat el, ha csörren a kulcs
Nem retteg már, ha mennydörög, többé nem téved el
A szint éneklő kutyája többé nem énekel

AZ ADRIÁN

Az az erős, élénk középkék
Tengerré mossa szíveinket
A tiszta hullámokban elveszünk
Nem feledve, hogy jártuk Trieszetet

Amelynek óriás terén
Rusztikus, régi paloták
Körülfogtak, belénk karoltak
Nem akartak engedni tovább

Hogy Grado szűk sikátorai
Zöld zsalus házai a múltat
Hozták el, homokos partjai
Csupasz talpunk alá simultak

Hogy okos és szép volt Adrienn
Hogy végül a csúnyából is szép lett
Míg ellenzőt vont szemünk elé
A gazdag mediterrán növényzet

VAN EGY PONT

Az elme bonyolult labirintusában
Együtt létezik az élő és a holt
Túlvilági térbe kerül át a földi
Mégis fogható lesz minden, ami volt

A másvilágot az agyunk hozza létre
Nem Szent Péter őrzi, nálunk van a kulcs
Botorság vitázni létezik-e, nincs-e
Fájdalom nyitja a mennyei kaput

Veszteségeink, a másik test hiánya
Szakrális, de valós terekbe emel
Araszol az idő az x koordinátán
Van egy pont, ahonnan másképp létezel

A többnapos test nem őrzi már a lelket
Urnában őrzött hamvak közt nem lapul
Beléd költözik, te vagy immár a foglár
Benned lesz, veled lesz, nem odaát a túl

A mindennapok újra életre kelnek
Egyszerre nevet az élő és a holt
Közösen húzzák fel azt az épületet
Ahol bizonyosság, sarokkő lapul

Amiről írok, nem lehet befejezni
A mondat végéről hiányzik a pont
Vitorlázunk a ritkuló levegőben
Magunk teremtette, széles szárnyakon

SZALAGOK

Örökös bűntudat gyötör
Az eredendő bűn miatt
Kérek egy gyóntató papot
Öregasszonyt, ki elsirat

Az elme nem viszi tovább
Az eddig cipelt terheket
Mint a bogár a galacsint
Lerakja, amit görgetett

Másképp fénylik a horizont
Mert egy másik világba lép
Aranybetűs fehér szalag
Összegyűlik vagy két marék

Világít, mint az út szélén
Rajzó sok szentjánosbogár
A hiányt élesíti meg
A voltat, ami visszajár

SEMMIBŐL VALAMI

Mikor a semmit megidézed, hogy
Legyen belőle valami,
A fénylő cseresznyefát. A hangot
Súgja a sírnál valaki,

Mint a lencse, megélesíti
A furcsa kettős csillagot,
Hozzákapcsol a mindenséghez,
Nincs külön élő és halott,

Minden kis részlet összeolvad,
Minden kis részlet összeáll,
Harangoznak az égi dómban,
A háromszög fehérre vált,

Készülsz a nagy találkozásra,
És jól tudod, hogy kit keress
A mennynek zsúfolt pitvarában,
Míg idelenn neszez az est.

DAPHNÉ

EGY FESTŐ KÉPZELT MENYASSZONYÁNAK LEVELE

Nekem szülnöm kellett sok-sok gyereket
Nem követhettelek a nyomorba
Neked az volt elrendelve: fessél
Nekem az, hogy maradjak itt a porban

Amiben léteztünk, azt a közeget
Tetszett, vagy nem, el kellett fogadnom
Mert engem a sorsom arra rendelt
Hogy életet kelljen továbbadnom

Neked megalkuvás, nekem vállalás
Más törvényre mondtunk igent mi ketten
Nálad maradt lelkem egyik fele
Másik fele másé. Kettőt szerettem

Azok az arcok és azok a fák
Ma is megborzongok még, ha nézem
Teremtett, különös, másik világ
Az igazi, a szenvedő éden

Misztikum nélküli jelenés
Belém ivódott minden ecsetvonás
Egy nagy család gondja vállamon
Az erdőd erőt adó látomás

El kellett hagyni, hát elhagytalak
Tesszük a dolgunk. Én itt, te amott
Azt a képet még meg kell festened
Az esőben mosolygó alakot

A VŐLEGÉNY FIGYELMEZTETÉSEI

Csak nekem mutasd meg gyöngyeidet

– A briliáns nyakéket – igazi mestermunka:
minden apró kövét remekbe csiszolták,
aztán finommívű fémfoglalatba tették;
nagyanyád és anyád dédanyádtól örökölték,
később a tied lett.
Kockáztatnád, hogy durva kezek
szépen ívelt nyakadról letépjék?

Csak szerelmes óráinkra vedd fel!

– A szivárványszínű hegyikristályt,
melyet az elmúlt nyáron,
egy hegyi túrán találtunk az egyik üregben.
Vénusz haja, mondtad, felfűzetted,
és talizmánként hordtad a blúzod alatt.
Én csak nevettem, mert Vénuszról nekem
mindig bővérű, erős nők jutnak eszembe,
míg te sápadt vagy és törékeny.
De hordjad csak, miért ne viselnéd,
csak másnak ne mutasd.

Más megérthetné-e emlékeinket?

– Vagy emlékezz a csillogó hematitra,
fényes, fekete gyöngysorodra:
A Badacsony mellett vettük egy vidám árustól,
aki a portékái eladását a kövekhez fűződő
hiedelmekkel fűszerezte.
Mesélte, azt beszélik,
a gyöngysort, ha langyos vízben megmosod,
és kiteszed a napra,
kinn hagyod a tűző napon,
majd felkapcsolod a nyakadra,
és érzed a gyöngyből áradni a nap melegét –
még frissebb, és még szebb leszel.
Ne vedd fel azt sem, csak ha ketten vagyunk,
mert közömbös tekintetek között
elveszíti fényét és erejét.

Ezért csak nekem mutasd meg gyöngyeidet,
csak nekem, mindig csak nekem

– és senki másnak.

FA

Te vetted észre
a fát, ami előtt elhaladtunk.
A református nagytemplom oldalában
egy álló, óriási rózsaszín csokor.
Képzeljünk mellé egy óriás menyasszonyt és
egy óriás vőlegényt.
Jöhetnek a fotósok.

DAPHNÉ

Hidegek az estek
Hidegek az éjek
Te se melegíts meg
Én csak annyit kérek

Ha követsz, megállok
Babérfává válok
Míg világ a világ
Férfit meg nem szánok

***

Nem látod remegek mért üldözöl akkor a vágyad
terhes a szépségem nem szántam férfiszemeknek
Erdők mélye ölén hol a vad fut ott vagyok otthon
Háznak tűzhelye nem vonz akkor sem ha tüzét szép
Istennek keze őrzi a járatlan vizi berkek
lombos fái a tisztás napfényes puha csöndje
kell én nem vágyom szerelemre ne járj a nyomomba'
menj vidd másnak a lantod fürtös szép fejedet nem
vágyom ölelni ne fuss hozzám ne zihálj a fülembe
nem leszek úgyse tiéd egy férfi se kap meg az úton
rosszul hitted elértél lombom nőtt gyökerem haj-
tott törzsem már fának a törzse de szép levelemből
fonhatsz kárpótlásként illatozó koszorút.

A LÉLEK

A lélek éhes farkas
Szerelmek jönnek-mennek
Te vagy a biztos kályha
A táncba tőled visznek

A lélek könnyű préda
Minden ragadozónak
Véres mancsán a körme
Foga van minden szónak

A lélek színes abroncs
Eső után szivárvány
Teherhordó a lélek
Nagy súlyt cipel a vállán

A lélek züllött korhely
Csapra vert hordó gönci
Javasasszony boszorkány
Cölöphöz kell kikötni

SÚGÓK

Férfiak találják ki az elveket
Egy nő (ha nő), csak vállat von: minek?
Az ember bonyolult, finom szerkezet
Ösztönök súgják: mit, mikor, kinek
Nem súgnak rosszul. A látszat néha csal
És úgy tűnik, az eredmény fatális
A meghozott döntés könnyeket facsar
Az ijedős visszakozna máris
De az út megszabott. Nemek, igenek
Lefektetett forgatókönyv szerint
Vannak bár minimális mozgásterek
Lépni determinált ügy kényszerít

S a dolgaink egymásba úgy fonódnak
Ahogy a mát lekörözi a holnap

MÉG SOHA NEM VOLT KALAPOM

Még soha nem volt kalapom,
Karimás, szalagos kalapom,
Hordhattam volna a buszon.

Sose volt rajtam krinolin,
Hozzám feszülő selyeming,
Fodor is ritkán bodorult.

Nem is lesz már rajtam sosem,
Nincsen már darázsderekam,
A fiatalság odavan.

Odavan, mégsem siratom,
Bánatomat se húzatom,
Nem kesergek rajta, minek.

Farmerben Istent keresek,
Akinek majd felelek, ha
Kérdezz-feleleket játszunk.

COCO CHANEL

Az olló volt a munkaeszközöm
Azzal száműztem minden cifraságot
Egy mozdulat, és minden dísz lehullt
Maradt a nyers anyag, a pőre vászon
A hurkolt kelme. Semmi más, esése
Volt a dísze, nem fényes bross, szalag
Amivel Párizst meghódítottam
Egyszerű volt az is. Kis filckalap
Simult a fejre. Mint minden darab
Amit terveztem, eggyé vált a nővel
Aki viselte. Eggyé vált velem
Vissza-visszatérnek, mert időtlen
Szabadságot ad, mégis elegáns
A testet lazán követő ruha

Nem művész, csak egy üzletasszony
Lettem, maradok Coco Chanel

COCO CHANEL ÉS A SÓ

Ha az ember túl olcsó
Nem veszik komolyan
Meg kell kérned az árat
Hogyha értéke van

Az igaz, hogy manapság
Az érték, ami olcsó
S az értéktelen drága
Emlékezz csak, a jó sót

A király nem becsülte
A lányát elzavarta
Hiába kérte, ó ne
Drága apám, ne űzz el

Ő elzavarta mégis
A só hiánya fájt, és
Könyörgött érte, késő
Mondta a legkisebb lány

Mesében hepiend van
A versben megtagadta
A sót a legkisebb lány
És megmaradt a bánat

COCO CHANEL 2

A divat változását nem követtem
Bár néha megtetszett egy-egy modell
Hálás vagyok, hogy száműzted a múltat
S nem kell fűzőt hordanom, Coco Chanel

Szabadság kezdődik, kézzel fogható
Nincs rossz választás, sem rossz szónokok
Csak zsákruhák, brossok, kis feketék
Szavazófülkékben erre szavazok

Az unisex korszaka jön el
Nőknek lapos mell, férfinak csupasz arc
Az egyenjogúság lépcsőfoka
Az első, legfontosabb diadal

A PÓK-KÍGYÓ(NŐ)

A sátán kígyónő volt.
Nem azért, mert Ádámot el akarta csábítani.
Akkor csak egy másik nő lett volna.
És a Paradicsomon belül vagy kívül
Boldog bigámiában sokáig élhettek volna.
De számító volt és ravasz.
Úgy gondolta, hogy felettébb okos.
Okosabb, mint a másik kettő együtt.
És, mint a pók, szőtte jóindulatnak álcázott
Kicsinyes praktikáit.
A háló erős volt.
Nem lehetett olyan könnyen széttépni,
Mint a pókhálót általában.
Ezért a pók-kígyót visszazavartam oda,
ahonnan jött,
A pokolba.

ROZMÁR PARTI

A hím rozmárok Alaszka
partja mellett
Egy kis szigetecskén
Időnként összegyűlnek
Agyaruk minél nagyobb
Annál nagyobb helyet
Szakítanak maguknak
Azután elhevernek
Egy kicsit hemperegnek
Néha kagylót zabálnak,
Nézd csak törött agyart
Nem hinnéd, mind vadállat
Ez ám a furcsa móka
A rozmár hím találka,
Szikrázó napsütésben
Mosoly a téli égen
Alaszka partja mellett
Egy kis szigetecskén
Egy parti hímbuli.

PRÓBABABÁK

A próbababák csinosak,
Egyikük olyan, mint a másik,
Ha férfi lennék, valószínű
Szerelmes lennék a próbababákba,
Próbababa-kiállításokat rendeznék,
Felöltöztetném őket
Sárgába, kékbe, pirosba, orgonalilába,
És persze feketébe,
Már Renoir is megmondta,
Hogy a színek királynője mégiscsak a fekete.
Gyöngysort aggatnék a nyakukba,
És gyönyörködnék bennük,
Ha elrepednének, megragasztanám
És újralakkoznám őket,
Hurcolnám őket egyik faluból a másikba,
Egyik városból a másikba,
Új helyszín, új izgalom.
Ha férfi lennék, valószínű
Szerelmes lennék a próbababákba,
Legalábbis erősen tetszenének, azt hiszem.

TAVASZ

Mint izgalomtól megtelt női mellek
Duzzadnak a fák a tavaszra várva
Rüggyel megrakott ágaik kitárva
Adják maguk a langyos élvezetnek

A nap boldogan cirógatja őket
Messziről ugyan a tél még visszaint
A kéklő, felhőfodros ég kacsint
És nyakon önti a járókelőket

A hóvirág csokorba kötve fekszik
A szürke, öreg piacasztalon
A talpnyomok közt zöldell már a fű

A kutyanép hangosabban kötekszik
Szukát találni legjobb alkalom
A tarka, fénylő tavaszi derű

TALÁN A FÉNY HIÁNYZOTT

Talán a fény hiányzott,
a lámpa barátságos, sárga fénye
a recsegő bútorok között;
talán a holdfény beszűrődő ezüstje,
a csillagok biztató pislogása,
esetleg a tavasz szikrázása,
a nyári nap zuhogó fénye
gurulómálna bokrokon,
talán a rozsdás csillogás, az őszé –
vagy villám villanása –
nem, ez nem segített volna – azt hiszem,
valami egyenletes, tartós fény hiányzott,
valami egyenletes, tartós fény, igen.

MÁJUS

Minden hirtelen elvirágzott
És most helyette ott az űr
A parókák a földre dobva
Az ártalmatlan zöld az úr
Nincsenek piros lázadások
Csak színevesztett rózsaszín
Csak zöldek hajkorona nélkül
Itt zöld selyem ott zöld szatén

NYÁR

Tele vagyok az illatával
Esti bódító estikék
Jön a szürkület félhomállyal
Múlik lassan az esti kék
Magamba szívom, hátradőlök
A felbukkanó csillagok
Lassan nőnek, mint nyomott vásznon
Minta, ahogy a tű bököd

Fölöttem az ég sötét sátor
Égi lámpás gyúl szerteszét
Nem akartam, hogy verssé váljon
Mégis lett róla költemény
Hogy miért jutott most eszembe
Nyáron volt, s nem az Adrián
Valahol elvesznek belőle
Máshol pótlódik a hiány

D.

Ahogy halottaink
Akiket eltemettünk
Beépül a szerelem
Szín, amit nem kevertünk
Csak megjelenik a Színen
Fehér? Piros? ruhában
Akárhol. Itt vagy ott
Talán Amerikában

MYLITTA

Hitte, hogy minden jár neki
S nem éri veszteség
Örökké él Mylitta
Semmit nem ad, de kér
Szeretne ezt is, azt is; így
A legkényelmesebb
Kereszt nélküli megváltás
És tét nélküli meccs

MONOLÓG

Kunigunda, Kunigunda
Mért nem együtt keltünk útra
Mért nem együtt? Nem is baj tán
Ott vagy elmém horizontján

Kunigundám, mint egy csillag
Akit húsból, vérből gyúrtak
Úgy fénylesz fenn az égbolton
S én követlek. Nincs más dolgom

Megtaláltam a birkámat
Barátságos, gyapjas állat
Talán téged is meglellek
És eloszlik minden felleg

Nekem Eldorádó nem kell
Kunigundám, ha nem ölel
Kunigundám, ha nem látom
Nincs nappalom, nincsen álmom

Elfújja a szél a pelyvát
Ahogy tőlem Kunigundát
De a sors majd visszahozza
Ahogy egyszer elorozta

Menjetek, ha mene tekel
Engem semmi nem ijeszt el
Ha kell megyek, ha kell várom
Nélküle életem várrom

ABLAKOK

Ócska program volt, de szórakoztató
Úgy nyíltak egymás után az ablakok
Mint tintapacnikból nőtt furcsa tó
Amit gyerekkéz egymásba folyatott

Úgy nyűgözött le, mint a Notre-Dame
Mint a Louvre hirtelen elém nyíló tere
Mint a napfényben megcsillanó Piramis
Mint a Diadalívbe futó Champs-Élysées

Kattintgattam és kitárult egy világ
Váratlan volt az élmény, újszerű
Teremről teremre, rejtett kapukon át
Vezetgetett a szakmai menü

Egy partnercég reklám-ajándéka volt
Izgalmas információt nem hordozott
Szívem, mégse gondold, hogy ez hiába volt
Varázslat volt – ami akkor hatott

Néhány év múlva feltettem megint
De süket volt a lemez, nem működött
Megmutattam egy informatikusnak is
Kidobtam, vagy ott van a kacatjaim között

KURTA MESE

A királylány a legény felé dobta az almát, és
kellemetlenül vihogott. Nem volt már éppen
fiatal, kis bajuszkája volt, ritkult a haja, a fogai
sárgásak voltak és hosszúak – felkoptak a kezdődő
ínysorvadás miatt. A legény szerencséjére az alma
nem aranyalma volt, így amikor elkapta, azon
nyomban jóízűen felfalhatta. Igaz, ha aranyalma
lett volna, jó áron el tudta volna adni, de ki hitte
volna el neki, hogy nem lopta, hanem egy valódi
(fájdalom, kicsit öregecske) királylánytól kapta.
Nagy szerencse volt az is, hogy az alma nem volt
mérgezett. Aki dobta, nem volt ugyan olyan fiatal,
mint a királylányok általában, de nem volt gonosz
boszorkány sem, egyáltalán nem, sőt kifejezetten
jólelkű volt. A legény hálás volt az almáért, ezért
megkérte a királylány kezét. A királylány igent
mondott, hetedhét országra szóló lakodalmat
csaptak, és boldogan éltek, míg meg nem haltak.

REGÖLŐ

Nem az a baj, hogy zombi vagy
De rossz a májad és szived
A kutyaúristenedet
Az ördög elvigyen!

Nem baj, hogy arcod pergamen
S vagy lassan már félig tetem
De baj, hogy rossz a májad
Hogy szíved helyett kő kalapálgat
A kutyaúristenedet
Az ördög elvigyen!

Nem baj, hogy fél lábbal már az űrben
És az se baj, ha ülsz a zűrben
De baj, hogy lelked menthetetlen
Szíved helyett kő kalapál csak
Nem is szólva, hogy rossz a májad
A kutyaúristenedet,
Az ördög elvigyen!

A zombi se mind nemtelen
Vigyázz, mert ha már nem használod
Amit használnod kellene
Kinyúl egy kéz a föld alól
És letépi, bizisten, kitépi
S útfélen hagy, ha nem vigyázol
A kutyaúristenedet
Az ördög elvigyen!

ÜVEGHEGY SZIKRÁZIK

Üveghegy szikrázik
Tenger közepében
Királylány a haját
Fésüli a fényben

Sárkány fogságában
Él harmadik éven
Sárkánynak hét feje
Ott nyugszik ölében

Szundikál a sárkány
A leány ölében
Királyleány haja
Szikrázik a fényben

Maradjanak együtt
Tenger közepében
Tenger közepében
Üveghegy tövében

Grimm mese nyomán

RAGADJUNK BELE

Ahol a gondolatok nyílnak,
Bíbor virágok illatoznak,
Meg kell keresnünk azt a völgyet –
Most.

Folyjon az édes, sűrű méz,
Ragadjunk bele Te meg Én,
Mint elfogott legyek a légypapi-
Ron.

R-NEK

Különös súlyokat cipel,
Nem araszol, nem is repül,
Mint egy bronz Medgyessy-szobor,
Egy helyben ül, átlényegül.

Mázsás terhek a vállain,
Időtlenséggel született,
Mindig Ábel volt, nem Káin,
Mint meglassult földművesek,

Úgy ássa, forgatja a szót,
Elméje barázdáiban,
Terem a zsíros, barna föld,
De különös termése van.

Nem lektűr, ami létrejön,
Nem röptetés, nem is krimi,
Nem könnyed, szórakoztató.
Súlyos, tempós táncba viszi

A társakat – fekete lyuk
Amit a papíron teremt
Beszippant és a mélybe húz,
Magába köt, mint a cement.

SZERELMESVERS

Jó, hogy életünk működik
Ennyi év után is
Pedig nem vagyok elegáns
Nyakamba nincs kaláris

Cipődet meg nem pucolom
És nem vasalok inget
Mégis csak ásó, nagyharang
Választhat el minket

Nem írok hozzád verseket
Mert evidens, hogy itt vagy
Hogy velem együtt létezel
Így bírható e vircsaft

Ülünk, beszélni nem muszáj
Nincs szükség közhelyekre
Közöttünk ott a gondolat
Kaleidoszkópja

Mint falun a dunyhát, tollasat
Időnként összerázzuk
Lessük ahogy szilánkjai
Új képpé összeállnak

A BENNEM LAKOZÓ BOSZORKÁNYHOZ

Nem akarok profán lenni
Mégis az vagyok
Bennem egy boszorkány
Folyton vigyorog
Még a nagy kaszásnak
Is fityiszt mutat
Volt valaha de már nincsen
Bennem áhitat

Az a legfurcsább hogy
Pátosz verte ki
Pátosz Portosz Panglosz
Szú is percegi
De leginkább bennem
Zaka-zakatol
Fejem búbjától a földig
Sejtembe hatol

Kezemben borotva
Túl nehéz a kard[1]
Fekete a véred
Mégis felkavar
Csak a szellem vére
Már ha van neki
Még a végén megvádol és
Indexre teszi

---

1 Édesapám idézte, hogy honnan, nem tudom: A férfiak esze
olyan, mint a kard, a nőké olyan, mint a borotva. Szerinte ez
egy nagyon finom megkülönböztetés.

Van bennem szemérem
Mégsem suttogok
Nem létező magassarkúm
Kőkockán kopog
Félénk nőiségem
Még visszaköszön
Belém költözik helyette
Sötét ösztönöm

PANGEA

KORLÁTOK

A korlátaim és a korlátaid
Hangoljuk össze valahogy őket
Ne érjenek túl egymáson
Ne legyenek túl messze egymástól
Illeszkedjenek, mint a kondenzált gyűrűk.

Töltsük ki pontosan a teret
Használjuk takarékosan
Hiszen egyre kevesebb van belőle
Illeszkedjünk pontosan, tudva, hogy
Mindez aktiválási energiát igényel
De végül alacsonyabb
Energiaállapotba kerülhetünk

LONGITUDINÁLIS

Longitudinális, transzverzális
Ami sűrű volt, az ritkul máris
Elindul a hegyről, most száll mélybe
Ritmusa ha koppan, sorját lépje

Lépteit ha rakja szépen sorba
Biztos legyen abban, nincs más dolga
Araszol a hernyó, úgy hullámzik
Longitudinális, transzverzális

FÓKUSZ

A tudás összezsugorodik
És minden ismeret leszűkül
Domború lencse fókuszában
Csak egy pont, amit összegyűjtünk

Az összegyűjtött fénynyaláb
Nem bomlik szét újra sugárra
Minden, ami volt, ott marad
A lencse fókuszába zárva

CSÁRDÁS

Középen egy démon ül
Nyitogatja az ajtót
Balra beengedi a gyorsat
Jobbra meg egy lassút

Kettéválik a világ
Lassúra és gyorsra
Heherészik a démon
Már ő is kérhet sarcot.

OXIGÉN

A biztosítékot gyakran kivertem,
Ilyenkor karanténba zártak.
Mikor ugrálóköteleztem,
Felrántották. Ezt hívják csalásnak.
Valahogy mégsem lettem mizantróp,
Az embereket belélegeztem,
21%-a oxigén a levegőnek,
Ezt sosem feledtem.
Azt sem, hogy kell a nitrogén is,
Mert anélkül túl gyorsan égnénk,
Ki van találva csudamódon
Az a Földre boruló kékség.

I Á

Fekete lyuk, fehér lyuk,
Emitt bemegy, ott kijut
A fény.
Világos, ha benyeli,
Úgy helyes, ha kiköpi.
Mindennek ellentettje van,
Ez tény.
Minden dolog párba' jár,
Két betűt mond a szamár
i á
A világ ily egyszerű,
i betű és á betű
Míg áll.

FEHÉR LYUK

Nem vagyok senkinek lelki szemétláda
Magamat se tudom berázni gatyába
Néha csak bámulok fejemen keresztül
Nem hallok meg harangszót se, mikor csendül

Űrben fekete lyuk. Kellős közepébe
Rakott bele Isten, mikor ideére
De hírlik az is, hogy létezik fehér lyuk
Ahogyan létezik kabáton a gomblyuk

Azon kiköp engem. Kint leszek az űrben
De meglehet, ott is csak ülök a zűrben
Kérdeznek valamit, ott se válaszolok
Keringek csak csöndben, ahogy a csillagok

Ha magyar huszárok facsarhatnak felhőt
Ez se lehetetlen, bár az ember felnőtt
Mese vagy tudomány, keveredik bennem
Nem kompetenciám, a fán mi teremjen

PANGEA

Amikor kiderült, a világ összeért
Szétterült egyetlen óriás darab
Rakosgattam az elém tett puzzle-t
Milyen lehetett, mikor épp hasad?
Az élő Föld mindig mozgásba' van
Sodorja szét a kontinenseket
Itt-amott vulkánok pufognak
Forró platnin fortyogó ételek
Pangea egyszervolt szuperkontinens
Körben Panthalassza ősóceán
Örök vándor mindegyik földdarab
Folytonos földtörténeti szeánsz
Néha egymáshoz ér, néha szétesik
Mint a veszekedő szerelmesek

A szerző

Fűri Mária a debreceni Kossuth Lajos Tudományegyetemen szerzett okleveles vegyész diplomát, és Debrecenben a BIOGAL, később TEVA gyógyszergyárban dolgozott nyugdíjazásáig. Amatőr versíró, de megjelentek versei folyóiratokban is (Holmi, Mozgó világ, Irodalmi Jelen, Várad, Vigília). Évtizedek óta aktívan részt vesz az internetes irodalmi életben. A tervezett kötet sokáig halasztódott, mígnem családja meglepte válogatott verseivel. Némi átdolgozás után ezt az összeállítást tartja kezében a kedves olvasó.

novum 🖋 KIADÓ A SZERZŐKÉRT

A kiadó

Aki feladja,
hogy jobbá váljon,
feladta,
hogy jobb legyen!

E mottó alapján a novum publishing kiadó célja
az új kéziratok felkutatása, megjelentetése,
és szerzőik hosszútávú segítése. Az 1997-ben
alapított, többszörösen kitüntetett kiadó az egyik
legjelentősebb, újdonsült szerzőkre specializálódott
kiadónak számít többek között Ausztriában,
Németországban és Svájcban.

Valamennyi új kézirat rövid időn belül egy
ingyenes, kötelezettségek nélküli kiadói
véleményezésen esik át.

További információkat a kiadóról és
a könyvekről az alábbi oldalon talál:

www.novumpublishing.hu